プリント形式のリアル過去問で本番の臨場感！

静岡県

静岡大成中学校

2025年春受験用

解答集

本書は，実物をなるべくそのままに，プリント形式で年度ごとに収録しています。
問題用紙を教科別に分けて使うことができるので，本番さながらの演習ができます。

■ 収録内容

・解答集（この冊子です）

書籍ＩＤ番号，この問題集の使い方，最新年度実物データ，リアル過去問の活用，
解答例と解説，ご使用にあたってのお願い・ご注意，お問い合わせ

・2024（令和６）年度 ～ 2021（令和３）年度　学力検査問題

JN132560

○は収録あり	年度	'24	'23	'22	'21		
■ 問題（一次）		○	○	○	○		
■ 解答用紙（書き込み式）		○	○	○	○		
■ 配点							

算数に解説があります

☆問題文等の非掲載はありません

教英出版

■ 書籍ＩＤ番号

入試に役立つダウンロード付録や学校情報などを随時更新して掲載しています。
教英出版ウェブサイトの「ご購入者様のページ」画面で，書籍ＩＤ番号を入力してご利用ください。

書籍ＩＤ番号 113118

（有効期限：2025年9月30日まで）

【入試に役立つダウンロード付録】
「要点のまとめ(国語／算数)」
「課題作文演習」ほか

■ この問題集の使い方

年度ごとにプリント形式で収録しています。針を外して教科ごとに分けて使用します。①片側，②中央のどちらかでとじてありますので，下図を参考に，問題用紙と解答用紙に分けて準備をしましょう（解答用紙がない場合もあります)。

針を外すときは，けがをしないように十分注意してください。また，針を外すと紛失しやすくなりますので気をつけましょう。

① 片側でとじてあるもの

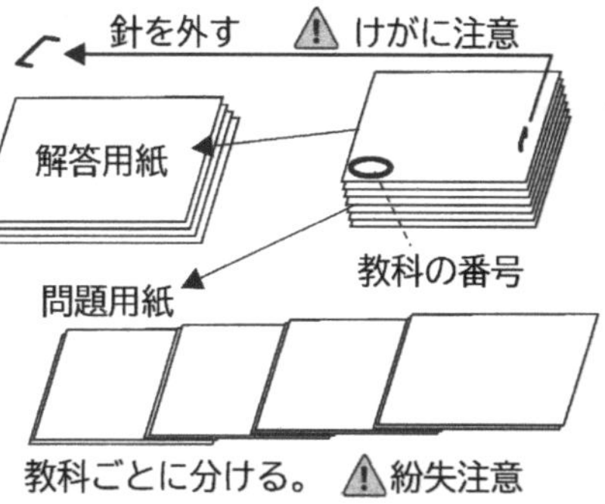

② 中央でとじてあるもの

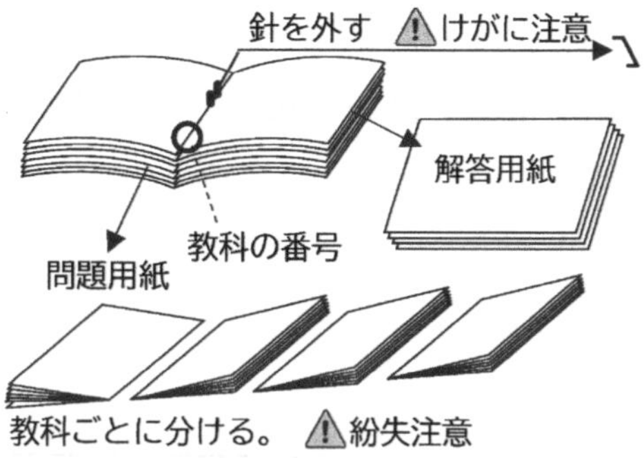

※教科数が上図と異なる場合があります。
解答用紙がない場合や，問題と一体になっている場合があります。
教科の番号は，教科ごとに分けるときの参考にしてください。

■ 最新年度 実物データ

実物をなるべくそのままに編集していますが，収録の都合上，実際の試験問題とは異なる場合があります。実物のサイズ，様式は右表で確認してください。

問題用紙	Ａ３片面プリント(書込み式)
解答用紙	

リアル過去問の活用

~リアル過去問なら入試本番で力を発揮することができる~

本番を体験しよう！

問題用紙の形式（縦向き / 横向き），問題の配置や余白など，実物に近い紙面構成なので本番の臨場感が味わえます。まずはパラパラとめくって眺めてみてください。「これが志望校の入試問題なんだ！」と思えば入試に向けて気持ちが高まることでしょう。

入試を知ろう！

同じ教科の過去数年分の問題紙面を並べて，見比べてみましょう。

① 問題の量

毎年同じ大問数か，年によって違うのか，また全体の問題量はどのくらいか知っておきましょう。どのくらいのスピードで解けば時間内に終わるのか，大問ひとつにかけられる時間を計算してみましょう。

② 出題分野

よく出題されている分野とそうでない分野を見つけましょう。同じような問題が過去にも出題されていることに気がつくはずです。

③ 出題順序

得意な分野が毎年同じ大問番号で出題されていると分かれば，本番で取りこぼさないように先回りして解答することができるでしょう。

④ 解答方法

記述式か選択式か（マークシートか），見ておきましょう。記述式なら，単位まで書く必要があるかどうか，文字数はどのくらいかなど，細かいところまでチェックしておきましょう。計算過程を書く必要があるかどうかも重要です。

⑤ 問題の難易度

必ず正解したい基本問題，条件や指示の読み間違いといったケアレスミスに気をつけたい問題，後回しにしたほうがいい問題などをチェックしておきましょう。

問題を解こう！

志望校の入試傾向をつかんだら，問題を何度も解いていきましょう。ほかにも問題文の独特な言いまわしや，その学校独自の答え方を発見できることもあるでしょう。オリンピックや環境問題など，話題になった出来事を毎年出題する学校だと分かれば，日頃のニュースの見かたも変わってきます。

こうして志望校の入試傾向を知り対策を立てることこそが，過去問を解く最大の理由なのです。

実力を知ろう！

過去問を解くにあたって，得点はそれほど重要ではありません。大切なのは，志望校の過去問演習を通して，苦手な教科，苦手な分野を知ることです。苦手な教科，分野が分かったら，教科書や参考書に戻って重点的に学習する時間をつくりましょう。今の自分の実力を知れば，入試本番までの勉強の道すじが見えてきます。

試験に慣れよう！

入試では時間配分も重要です。本番で時間が足りなくなってあわてないように，リアル過去問で実戦演習をして，時間配分や出題パターンに慣れておきましょう。教科ごとに気持ちを切り替える練習もしておきましょう。

心を整えよう！

入試は誰でも緊張するものです。入試前日になったら，演習をやり尽くしたリアル過去問の表紙を眺めてみましょう。問題の内容を見る必要はもうありません。どんな形式だったかな？受験番号や氏名はどこに書くのかな？…ほんの少し見ておくだけでも，志望校の入試に向けて心の準備が整うことでしょう。

そして入試本番では，見慣れた問題紙面が緊張した心を落ち着かせてくれるはずです。

※まれに入試形式を変更する学校もありますが，条件はほかの受験生も同じです。心を整えてあせらずに問題に取りかかりましょう。

2024 解答例
令和6年度

静岡大成中学校

《国　語》

一　①字幕　②生成　③再配達　④絹　⑤負

二　①かしか　②きゅうさい　③ちゅうしょう　④みとお　⑤てみじか

三　①護　②音　③先

四　①イ　②エ　③ア　④ウ

五　①○　②×　③○　④×

六　①ご覧になる　②めし上がった　③うかがう〔別解〕お聞きする　④いただいた

七　問一．A．エ　B．イ　問二．ア　問三．光に対して一定の角度を保ちながら、決まった時間に光の当たっている　問四．アゲハチョウは光の方角を飛行のナビゲーションに使っているため、光が一定の角度で来る朝の一時期と夕方の一時期しか飛ばないから。　問五．ウ　問六．地面に落ちた新鮮な糞は、あっという間に別の虫たちに片付けられてしまうので、新鮮な糞の真上には、その糞をした何かがまだとどまっているはずだから。
問七．地形を見ただけで、「チョウ道」の場所の当たりがつけられる　問八．野山に出かけてぼんやり葉っぱを見つめるのではなく、あるレイヤーにズームインして焦点を合わせること。／自然をとにかくよく観て、いろんなことを学んで、調べて、また行って、落胆して帰ってきてもまた諦めずに出かけること。　問九．エ

八　〈作文のポイント〉
・最初に自分の主張、立場を明確に決め、その内容に沿って書いていく。
・わかりやすい表現を心がける。自信のない表現や漢字は使わない。
さらにくわしい作文の書き方・作文例はこちら！→
https://kyoei-syuppan.net/mobile/files/sakupo.html

《算　数》

1　(1)70　(2)2　(3)270　(4)1.9　(5)$2\frac{1}{30}$　(6)$\frac{1}{2}$　(7)$3\frac{37}{40}$

2　右図

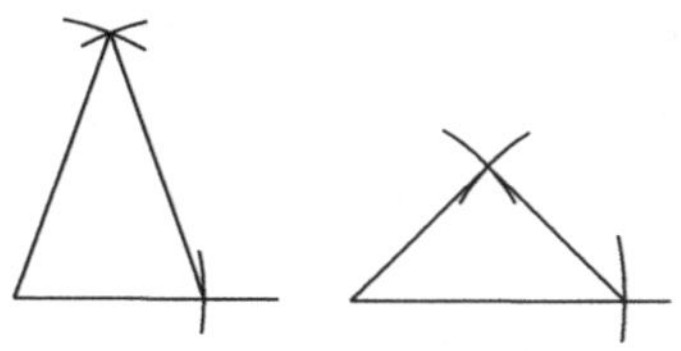

3　60.75

4　(1)$70+x=y$　(2)$3000-60\times x=1000$

5　850

6　(1)307　(2)760

7　(1)1.75　(2)2145万

8　56

9　(1)37　(2)右グラフ

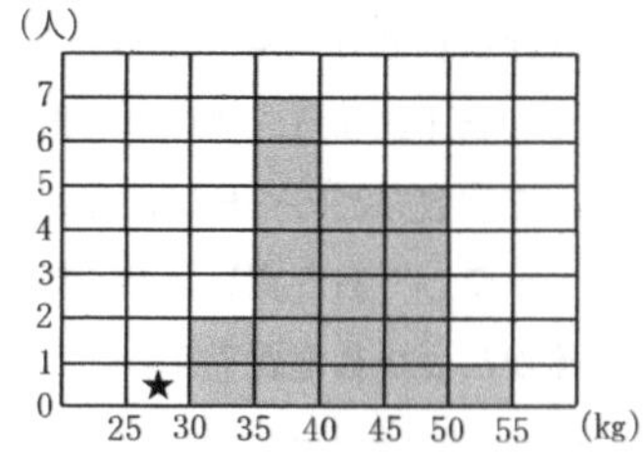

※10　200

※の計算の流れは解説を参照してください。

2024 算数解説 令和6年度 ▶静岡大成中学校

1 (1) 与式＝28＋14×３＝28＋42＝**70**

(2) 与式＝(12－６)÷３＝６÷３＝**2**

(3) 与式＝273－18÷６＝273－３＝**270**

(4) 与式＝4.9－３＝**1.9**

(5) 与式＝$\frac{1}{3}+(\frac{5}{2}-\frac{4}{5})=\frac{1}{3}+\frac{25-8}{10}=\frac{1}{3}+\frac{17}{10}=\frac{10+51}{30}=\frac{61}{30}=\mathbf{2\frac{1}{30}}$

(6) 与式＝$4\frac{1}{2}-\frac{7}{2}\times\frac{8}{7}=4\frac{1}{2}-4=\mathbf{\frac{1}{2}}$

(7) 与式＝$4.8-\frac{17-10}{12}\times\frac{3}{2}=4.8-\frac{7}{12}\times\frac{3}{2}=4\frac{4}{5}-\frac{7}{8}=3\frac{9}{5}-\frac{7}{8}=3\frac{72}{40}-\frac{35}{40}=\mathbf{3\frac{37}{40}}$

2 １種類目…底辺となる線をひき，①の長さをコンパスでとって底辺をつくる。②の長さをコンパスでとって，底辺の両端《りょうたん》にコンパスの針をあててそれぞれ円周の一部分をかき，交わった点を頂点とする。その点と底辺の両端をそれぞれ線で結ぶ。

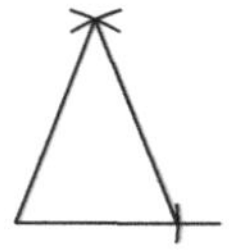

２種類目…底辺となる線をひき，②の長さをコンパスでとって底辺をつくる。①の長さをコンパスでとって，底辺の両端にコンパスの針をあててそれぞれ円周の一部分をかき，交わった点を頂点とする。その点と底辺の両端をそれぞれ線で結ぶ。

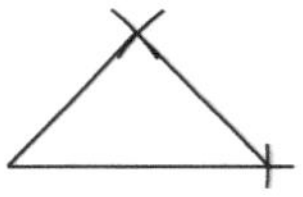

3 **【解き方】しゃ線部の面積は，１辺が10㎝の正方形から半径５㎝の半円を除いた面積である。**

10×10－５×５×3.14÷２＝100－39.25＝**60.75**(㎠)である。

4 (1) 国語のテスト70点と算数のテストx点をたすと合計y点になったので，**70＋x＝y**と表せる。

(2) 分速60mでx分歩くと，60×x(m)進む。3000mの道のりの残りは，**3000－60×x＝1000**と表せる。

5 **【解き方】兄と弟は合計で4800＋3600＝8400(円)のお金を持っている。弟が兄より500円多くなるときの兄の金額を考える。**

弟が兄より500円多くなってから弟の金額を500円減らすと，２人の金額は同じになり，合計は8400－500＝7900(円)になる。よって，兄は7900÷２＝3950(円)になっているから，兄から弟に4800－3950＝**850**(円)わたせばよい。

6 (1) **【解き方】最も小さい３けたの数をつくるには，100の位に３がくればよい。**

０，３，６，７を並べてできる最も小さい３けたの数は306であるが，306は偶数で，次に小さい数の307が奇数なので，**307**が答えである。

(2) **【解き方】４の倍数は，下２けたが00または４の倍数となる。**

最も大きい３けたの数とするために百の位を７にする。０，３，６で作ることができる４の倍数は36と60で，60の方が大きいので，**760**が答えである。

7 (1) **【解き方】円グラフより，ユーラシア大陸は35%，アフリカ大陸は20%である。**

35÷20＝**1.75**(倍)である。

(2) **【解き方】円グラフより，北アメリカ大陸は地球の陸地面積の14.3%である。**

１億5000万＝15000万，14.3%＝0.143より，およそ15000万×0.143＝**2145万**(㎢)である。

8 **【解き方】ペンキでぬられていない面は，面と面がくっついているところ１か所あたり，２個ある。**

面と面がくっついているところは，全部で７か所ある。したがって，ペンキがぬられていない面は２×７＝14(個)ある。ひとつの面の面積は２×２＝４(㎠)なので，ペンキがぬられていない部分の面積の合計は４×14＝**56**(㎠)である。

9 **(1)** データを小さい順に並べると，

32，34，35，35，36，37，37，37，38，40，41，41，42，43，45，47，48，49，49，51

最頻値は，最も人数の多かった **37** kgである。

(2) (1)の表をもとに考えると，30 kg以上 35 kg未満は２人，35 kg以上 40 kg未満は７人，40 kg以上 45 kg未満は５人，45 kg以上 50 kg未満は５人，50 kg以上 55 kg未満は１人とわかるので，ヒストグラムに表していく。

10 **【解き方】太郎さんのおこづかいは5000円で，そのうちの10－４＝６(割)を後はいへのおみやげで使うことができる。**

６割＝0.6より，5000×0.6＝3000(円)を後はいへのおみやげに使うことができ，後はいは15人いるので，１人当たり最大で3000÷15＝**200**(円)になる。

静岡大成中学校

《国　語》

一　①半紙　②苦　③節電　④絶好　⑤射

二　①きょうじゃく　②くぶん　③はぶ　④もう　⑤どしゃ

三　①修　②展　③洋

四　①頭　②耳　③目　④口

五　①イ　②カ　③ア　④ウ

六　①いただく〔別解〕ちょうだいする／たまわる　②いらっしゃる〔別解〕来られる／お見えになる　③おっしゃった〔別解〕言われた

七　問一．イ　問二．①あまり情報の価値に関心を払っていない　②情報にお金を払おうとする〔別解〕必要な情報には対価を払う　問三．A．エ　C．ア　問四．スポンサーが費用を出しているということは、スポンサー企業の商品の宣伝になるなど、スポンサーの利益につながる内容がふくまれているということ。　問五．ア
問六．みんなが同じ方向に動いていれば安心という　問七．だれがそれを言っているのか／その人は、どこからその情報を得たのか／その人は、なぜその情報を広めたがっているのか　問八．意見や願望と混同せずに事実から判断し、達成が難しそうだという場合でも、自分はそれが好き、それをしたいと思うならばやるという、自分なりの方向性を持つべきだ。　問九．エ

八　〈作文のポイント〉
・最初に自分の主張、立場を明確に決め、その内容に沿って書いていく。
・わかりやすい表現を心がける。自信のない表現や漢字は使わない。
さらにくわしい作文の書き方・作文例はこちら！→　https://kyoei-syuppan.net/mobile/files/sakupo.html

《算　数》

1　(1)13　(2)4　(3)6　(4)7.5　(5)$2\frac{3}{4}$　(6)3　(7)$\frac{7}{40}$

2　右図

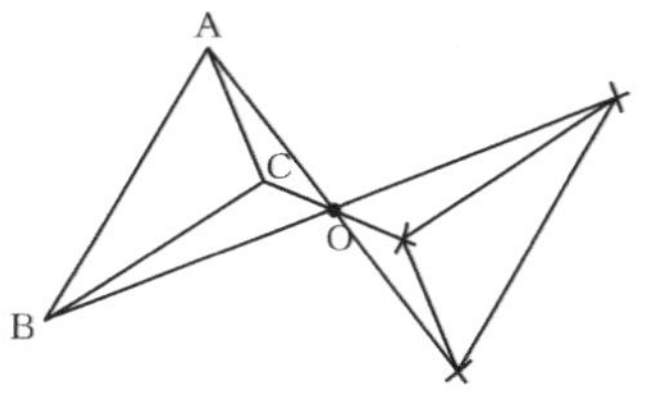

3　324

4　B→A→C

5　2700

6　97000

7　115.74

8　8

9　(1)12　(2)700

10　(1)$y=x\times 2$　(2)8.5

11　(1)17.5　(2)右グラフ

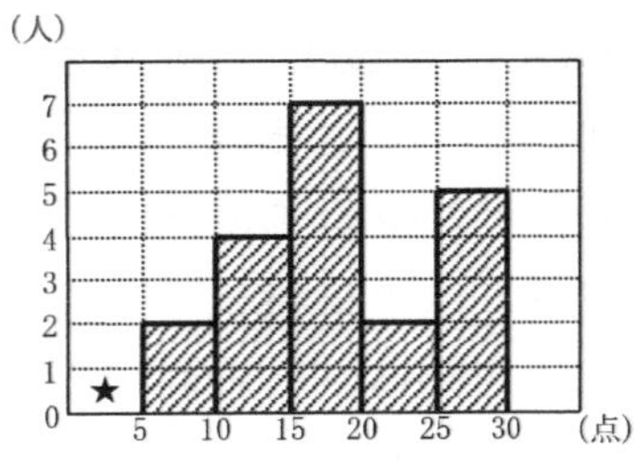

12　(1)商…13　余り…2　(2)35　理由…余りが5だから，割る数は6以上の数になるので，小のさいころの目は6である。よって，2けたの整数は，6で割って商が5になるから，6×5＝30以上，6×6＝36未満の整数となる。このうち余りが5になるものは35である。

静岡大成中学校

1 (1) 与式$=12-4+5=8+5=13$

(2) 与式$=6\div3\times2=2\times2=4$

(3) 与式$=30-(5+3)\times3=30-8\times3=30-24=6$

(4) 与式$=9-1.5=7.5$

(5) 与式$=\frac{17}{5}-\frac{9}{10}+\frac{1}{4}=\frac{68-18+5}{20}=\frac{55}{20}=\frac{11}{4}=2\frac{3}{4}$

(6) 与式$=\frac{7}{4}\times3-\frac{9}{4}=\frac{21}{4}-\frac{9}{4}=\frac{12}{4}=3$

(7) 与式$=\frac{1}{4}-(\frac{14}{10}-\frac{7}{8})\times\frac{1}{7}=\frac{1}{4}-\frac{56-35}{40}\times\frac{1}{7}=\frac{1}{4}-\frac{21}{40}\times\frac{1}{7}=\frac{1}{4}-\frac{3}{40}=\frac{10-3}{40}=\frac{7}{40}$

2 点Oを中心に180°回転させたとき，もとの図形にピッタリ重なる図形が点対称な図形である。点対称な点どうしを直線で結ぶと，回転の中心はその直線上の真ん中の位置にくることを利用して，点A，B，Cと点対称な点をそれぞれ作図する。最後にその点を結ぶことで，点対称な図形ができる。

3 **【解き方】1枚の面積が2×3＝6(㎠)だから，70枚の面積の合計は6×70＝420(㎠)になる。正方形の面積は，同じ数を2回かけ合わせた数になるから，そのような数のうち420以下の数について考える。**

21×21＝441，20×20＝400だから，作ることができる正方形の1辺の長さは20㎝以下である。

1辺が20㎝の正方形の面積は400㎠だが，400は6で割れないので，この正方形は作れない。

1辺が19㎝の正方形の面積は19×19＝361(㎠)だが，361は6で割れないので，この正方形は作れない。

1辺が18㎝の正方形の面積は18×18＝324(㎠)で，6で割れる。

タイルの向きをそろえてたてに18÷2＝9(枚)，横に18÷3＝6(枚)並べると，1辺が18㎝の正方形ができる。

よって，求める面積は324㎠となる。

4 **【解き方】3人それぞれの，つるを1羽折るのにかかる時間を求めて比べる。**

つるを1羽折るのにかかる時間は，Aさんが14÷10＝1.4(分)，Bさんが20÷15＝$\frac{4}{3}$＝1.33…(分)，Cさんが30÷20＝1.5(分)となる。よって，折り終わるのが早い順を記号で表すと，B→A→Cとなる。

5 **【解き方】服を買ったあとのお金は最初のお金の$1-\frac{5}{9}=\frac{4}{9}$であり，おかしを買ったあとのお金は最初のお金の$\frac{1}{3}=\frac{3}{9}$である。**

最初のお金の$\frac{4}{9}-\frac{3}{9}=\frac{1}{9}$がおかしの値段の300円だから，最初に持っていたお金は，300÷$\frac{1}{9}$＝2700(円)

6 静岡県でのみかんの生産量は，749000×0.13＝97370(t)だから，これを四捨五入して上から2けたのがい数にすると，97000tとなる。

7 **【解き方】右図のように補助線を引き，色のついた部分を2つに分けて考える。**

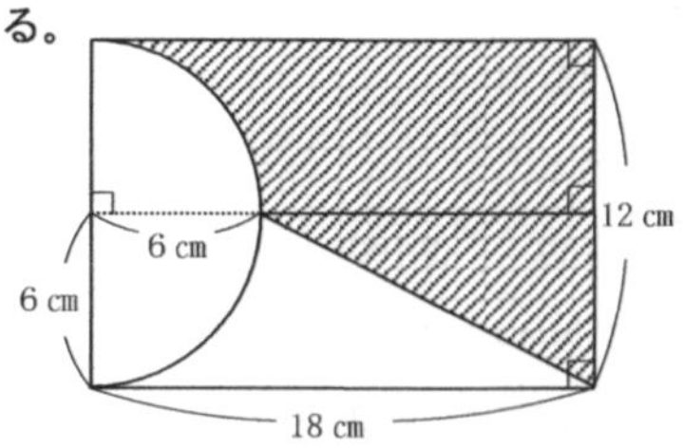

補助線より下の色つき部分は直角三角形で，底辺を6㎝とすると高さが18－6＝12(㎝)だから，面積は，6×12÷2＝36(㎠)となる。

補助線より上の色つき部分の面積は，たて6㎝，横18㎝の長方形の面積から，半径6㎝の円の面積の$\frac{1}{4}$を引けばよいから，

6×18－6×6×3.14×$\frac{1}{4}$＝108－9×3.14＝108－28.26＝79.74(㎠)となる。

よって，色つき部分の面積は，36＋79.74＝115.74(㎠)

8 **【解き方】容器Aの底面積は30×40＝1200(㎠)，容器Bの底面積は20×30＝600(㎠)であり，底面積の比が1200：600＝2：1となっている。よって，2つの容器の水の深さが等しいとき，入っている水の体積も2：1と**

なる。

はじめに容器Bに入っている水のうち，$\frac{2}{2+1}=\frac{2}{3}$を容器Aに移すので，容器Bに残っている水ははじめに入っていた水の$\frac{1}{3}$である。よって，このときの高さは$24\times\frac{1}{3}=8$(cm)となる。

9 (1) **【解き方】①→②→③の順に選ぶものとする。①の選び方が2通りあり，その1通りごとに②の選び方が2通りあり，その1通りごとに③の選び方が3通りある。**

セットは全部で，2×2×3＝12(通り)つくることができる。

(2) **【解き方】一番安いセットから順番に考えていく。**

一番安いセットは，「チーズバーガー，ポテト，お茶」で，280＋270＋100＝650(円)である。

①を高い方にすると値段は330－280＝50(円)上がり，②を高い方にすると300－270＝30(円)上がり，③をお茶からコーヒーにすると180－100＝80(円)上がる。したがって，2番目に安いセットは，一番安いセットのポテトをナゲットにしたセットであり，3番目に安いセットは，一番安いセットのチーズバーガーをテリヤキバーガーにしたセットである。よって，3番目に安いセットの値段は，650＋50＝700(円)

10 (1) **【解き方】三角形ABPは，底辺をBP($x$cm)とすると高さが4cmである。**

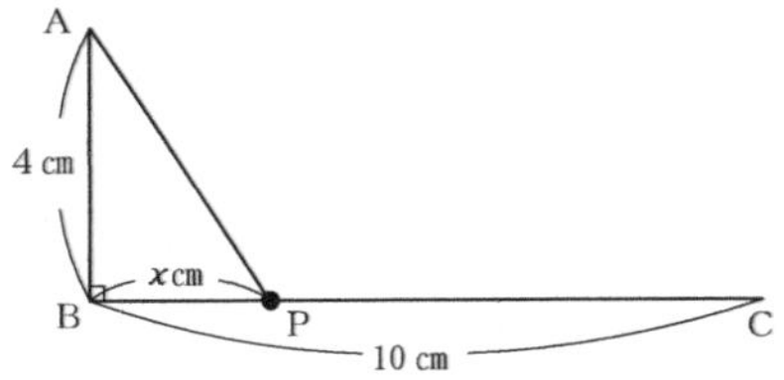

$y=x\times4\div2$　　$y=x\times2$

(2) (1)より，$x\times2=17$となるから，$x=17\div2=8.5$(cm)

11 (1) **【解き方】生徒20人の漢字テストの点数を小さい順に並べたとき，20÷2＝10より，10番目と11番目の生徒の平均点が中央値である。**

生徒20人の点数を小さい順に並べると，

8，9，10，10，11，14，15，15，17，17，18，18，19，20，21，25，25，26，27，28となり，このうち10番目と11番目の生徒の点数は17点と18点である。よって中央値は$\frac{17+18}{2}=17.5$(点)となる。

(2) □点以上は□点をふくみ，□点未満は□点をふくまないことに注意する。

12 (1) 大のさいころの目が4，中のさいころの目が1だから，2けたの整数は41である。41÷3＝13余り2となる。

(2) 割り算において，割った数は必ず余りより大きい数であることに気をつけよう。

2022 解答例 令和4年度 ★静岡大成中学校

《国　語》

一 ①ていがく　②げんどうりょく　③せきむ　④こう　⑤とうと〔別解〕たっと

二 ①可能　②接種　③共生　④張　⑤豊

三 ①水　②火　③二　④顔

四 ①いらっしゃる　②めし上がる　③拝見する　④うかがう

五 〔主語／述語〕 ①［Ａ／Ｄ］　②［Ｂ／Ｄ］　③［×／Ｅ］　④［Ｃ／Ａ］

六 問一．ア　問二．四人きょうだい全部が揃わないと機嫌が悪い　問三．(順に)エ，イ，ア

問四．カルメ焼に凝り、自分たちのためにしんけんに作ってくれている父の機嫌をそこねたくないから。

問五．父がカルメ焼作りに失敗した様子。〔別解〕空気が抜けてペシャンコになってしまったカルメ焼。

問六．ア，オ　問七．笑っている　問八．エ　問九．イ　問十．嬉しかったこと…せっかちな性分が直り、年相応の落ち着きを得たこと。　寂しかったこと…気づかないうちに、自分らしさの一部が失われていたこと。

問十一．子供時代に～はないか。　問十二．ウ

七 〈作文のポイント〉

・最初に自分の主張、立場を明確に決め、その内容に沿って書いていく。

・わかりやすい表現を心がける。自信のない表現や漢字は使わない。

さらにくわしい作文の書き方・作文例はこちら！→

https://kyoei-syuppan.net/mobile/files/sakupo.html

《算　数》

1 (1)281　(2)4　(3)30　(4)3.4　(5)$\frac{2}{7}$　(6)$4\frac{1}{6}$　(7)2

2 6

3 右図

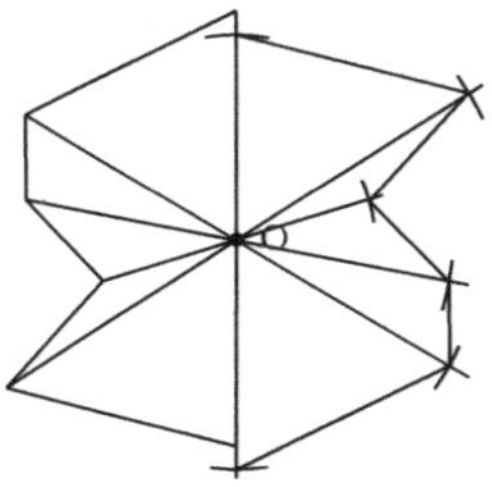

4 140

5 4

6 (1)6　(2)12.2

7 92

8 18.24

9 (1)420　(2)80

10 大人…800　子ども…400

11 (1)4200　(2)$y=3.5\times x$

12 (1)台形　(2)7

13 (1)0.4　(2)11　(3)間に合う　理由…家を出発してから$\frac{1}{10}$時間後＝$(60\times\frac{1}{10})$分後＝6分後の午前9時10分＋6分＝午前9時16分にＡ駅に着く。ここから，Ａ駅を午前9時22分に出て，Ｂ駅に午前9時48分に着く電車に乗れるので，午前9時48分＋5分＝午前9時53分に競技場に着く。したがって，午前10時00分までに間に合う。

静岡大成中学校

1 (1) 与式＝154＋127＝281

(2) 与式＝32÷8＝4

(3) 与式＝25＋15÷3＝25＋5＝30

(4) 与式＝5.4－2＝3.4

(5) 与式＝$\frac{6}{14}+\frac{7}{14}-\frac{9}{14}=\frac{4}{14}=\frac{2}{7}$

(6) 与式＝$\frac{2}{3}+4\times\frac{7}{8}=\frac{2}{3}+\frac{7}{2}=\frac{4}{6}+\frac{21}{6}=\frac{25}{6}=4\frac{1}{6}$

(7) 与式＝$\frac{4}{5}\times 4+(\frac{16}{5}-\frac{7}{5})-3=\frac{16}{5}+\frac{9}{5}-\frac{15}{5}=\frac{10}{5}=2$

2 与式より，7×□－24＝6×3　　7×□＝18＋24　　□＝42÷7＝6

3 点Oを中心に180°回転させたとき，もとの図形にピッタリ重なる図形が点対称な図形である。各頂点から点Oを通る直線を書き，点Oから頂点と同じ長さになるところに点をとる。次に，その点を結ぶことで，点対称な図形ができる。

4 牛乳とミルクティーの割合は2：(2＋3)＝2：5だから，牛乳は$350\times\frac{2}{5}=140$(mL)必要である。

5 **【解き方】食塩水に含《ふく》まれる食塩の量をそれぞれ求める。**

3％，2％，6％の食塩水に含まれる食塩の量はそれぞれ，$400\times\frac{3}{100}=12$(g)，$300\times\frac{2}{100}=6$(g)，$500\times\frac{6}{100}=30$(g)である。よって，3つの食塩水を混ぜ合わせると，食塩水の量が400＋300＋500＝1200(g)，含まれる食塩の量が12＋6＋30＝48(g)となるので，濃度は，$\frac{48}{1200}\times 100=4$(％)である。

6 (1) **【解き方】小数を作るので，できる数は，○○.○か○.○○の形になる(○には1，2，2のカードが入る)。**

1，2，2のカードの並び方は，(1，2，2)(2，1，2)(2，2，1)の3通りある。

よって，できる小数は，12.2，21.2，22.1，1.22，2.12，2.21の6通りある。

(2) (1)より，大きい順に並べると，22.1，21.2，12.2，…となるから，大きい方から3番目の数は12.2である。

7 **【解き方】右図のように立体を2つにわけ，(直方体の体積)＋(四角柱の体積)で求める。**

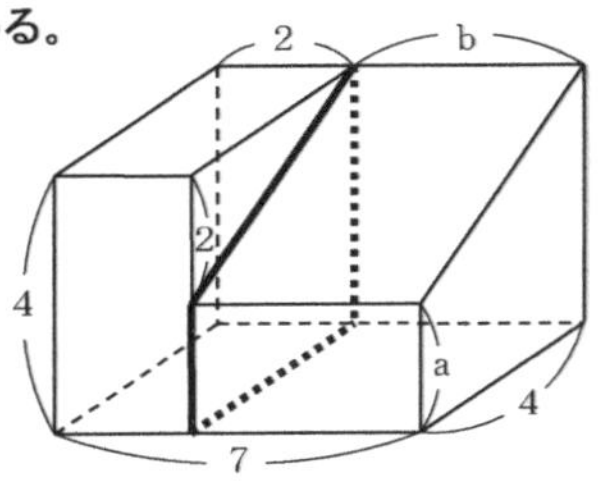

直方体の体積は，4×2×4＝32(cm³)

a＝4－2＝2，b＝7－2＝5だから，四角柱の体積は，

{(2＋4)×4÷2}×5＝60(cm³)　　よって，求める体積は，32＋60＝92(cm³)

8 **【解き方】正方形(ひし形)の面積は，(対角線)×(対角線)÷2で求められる。**

色をぬった部分の面積は，半径が8÷2＝4(cm)の円の面積から，対角線の長さが8cmの正方形の面積をひけばよいので，4×4×3.14－8×8÷2＝50.24－32＝18.24(cm²)

9 (1) **【解き方】(合計点数)＝(平均点)×(人数)で求められる。**

5教科の合計点数は，84×5＝420(点)

(2) 正しい算数の得点で計算したときの5教科の合計点数は，86×5＝430(点)である。かんちがいしていたときの5教科の合計得点よりも430－420＝10(点)高くなったので，正しい算数の点数は，70＋10＝80(点)

10 **【解き方】大人1人分の料金は，子ども2人分の料金に等しいことを利用する。**

大人1人分と子ども2人分の料金を合わせると，1600円になるから，子ども2＋2＝4(人)分の料金を合わせると，1600円になる。よって，子ども1人分の料金は1600÷4＝400(円)だから，大人1人分の料金は，400×2＝800(円)である。

11 (1) 10 枚あたり 35 g だから，1200 枚のときの重さは，$35\times\frac{1200}{10}=4200$（g）

(2) x枚のときの重さは，$35\times x\div10=3.5\times x$（g）だから，$y=3.5\times x$

12 (1) 向かい合う面上の切り口の線は平行になるから，切り口は右図の太線のような台形となる。

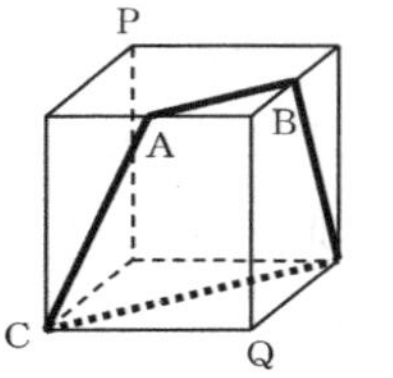

(2) **【解き方】切り口の部分は面積が等しいから，切り口を除いた表面積の差を考える。**

(1)の図について，２つに分けられたＰを含む立体を立体ア，Ｑを含む立体を立体イとする。

立体イの切り口を除いた表面積は，（１×１÷２）＋{（１＋２）×２÷２}×２＋（２×２÷２）＝8.5（㎠）

立体アの切り口を除いた表面積は，元の立方体の表面積から立体イの切り口を除いた表面積を引いて，

２×２×６－8.5＝15.5（㎠）　よって，表面積の差は，15.5－8.5＝７（㎠）

13 (1) ５分＝$\frac{5}{60}$時間＝$\frac{1}{12}$時間だから，求める道のりは，$4.8\times\frac{1}{12}=0.4$（km）

(2) **【解き方】電車がトンネルに入りはじめてから，完全に通過するまでに進んだ道のりは，（トンネルの長さ）＋（電車の長さ）である（右図参照）。**

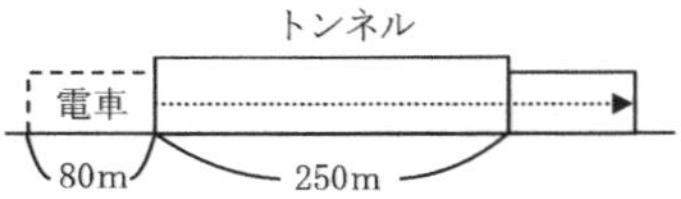

電車はトンネルに入りはじめてから完全に通過するまで，250＋80＝330（m）進んでいる。よって，求める時間は，330÷30＝11（秒）

(3) **【解き方】Ａ駅に着いた時間から，競技場に何分に着くのかを考える。**

家を出発してから，$\frac{1}{10}$時間＝$(60\times\frac{1}{10})$分＝６分でＡ駅に着くから，Ａ駅に着くのは，午前９時 10 分＋６分＝午前９時 16 分である。よって，Ａ駅を午前９時 22 分に出て，Ｂ駅に午前９時 48 分に着く電車に乗れるので，競技場に着くのは，午前９時 48 分＋５分＝午前９時 53 分である。よって，午前 10 時 00 分に間に合う。

2021 解答例 令和３年度 ★静岡大成中学校

《国　語》

一　①１．史　２．支　②１．刊　２．看　③１．潔　２．結　④１．幸　２．効　⑤１．績　２．責　⑥１．相　２．創

二　①おくがい　②むしゃ　③あず　④さしず　⑤ぶれい　⑥びんじょう

三　①キ　②ア　③ケ　④コ　⑤ウ　⑥カ　⑦イ

四　［主語／述語］　①［エ／カ］　②［イ／カ］　③［エ／カ］　④［×／カ］　⑤［カ／オ］

五　［四字熟語／意味］　［温故知新／オ］　［無我夢中／イ］　［大器晩成／カ］

六　①する　②もらう　③言う　④見る　⑤聞く

七　①ア　②キ　③エ　④オ　⑤イ

八　問一．イ　問二．「僕」は人見知りで、人前で踊れるような明るい性格ではなかったから。　問三．ア　問四．父が盛り上げた場を白けさせることなく、みんなをさらに笑わせることができたから。　問五．Ⅰ．ウ　Ⅱ．ア　問六．イ　問七．Ａ．ウ　Ｂ．エ　問八．まわりからの視線や言葉に臆病になりながらも、どうしても何かを表現したいと思うこと。　問九．エ

九　〈作文のポイント〉

・最初に自分の主張、立場を明確に決め、その内容に沿って書いていく。

・わかりやすい表現を心がける。自信のない表現や漢字は使わない。

さらにくわしい作文の書き方・作文例はこちら！→

https://kyoei-syuppan.net/mobile/files/sakupo.html

《算　数》

1　(1)9　(2)4　(3)10　(4)5　(5)$2\frac{17}{30}$　(6)392　(7)10

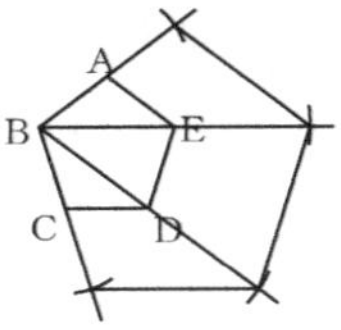

2　右図

3　(1)28 試合　(2)７試合

4　６はい目

5　6.28 cm

6　Ａ社のコーヒー牛乳が５mL 多い

7　６本

8　(1)48 個　(2)18 個

9　(1)45.85 cm　(2)91.485 cm²

10　9.9ｇ

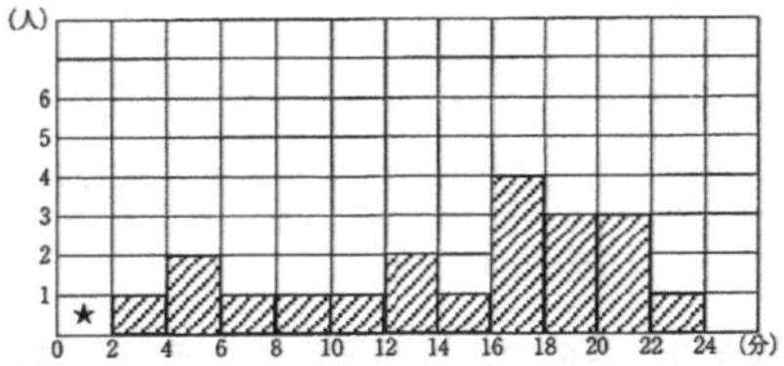

11　(1)右グラフ　(2)18 分以上 20 分未満

(3)中央値は(16＋16)÷２＝16(点)なので，これと比べると，１組の生徒よりも登校にかかる時間が少ないといえる。

〔別解〕平均値は(３＋４＋５＋７＋８＋10＋12＋13＋15＋16＋16＋17＋17＋18＋18＋19＋20＋20＋20＋22)÷20＝14(点)なので，これと比べると，１組の生徒よりも登校にかかる時間が多いといえる。

2021 算数解説 令和３年度 静岡大成中学校

←解答例は前のページにありますので，そちらをご覧ください。

[1] (1) 与式$=24-18+3=6+3=9$

(2) 与式$=14-(12-2)=14-10=4$

(3) 与式$=6+(11\times3-5)\div7=6+(33-5)\div7=6+28\div7=6+4=10$

(4) 与式$=\frac{25}{10}\times7\times\frac{4}{10}\div\frac{14}{10}=\frac{5}{2}\times7\times\frac{2}{5}\div\frac{7}{5}=7\times\frac{5}{7}=5$

(5) 与式$=4\frac{20}{30}-2\frac{18}{30}+\frac{15}{30}=2\frac{2}{30}+\frac{15}{30}=2\frac{17}{30}$

(6) 与式$=3.92\times10\times1.9+3.92\times81=3.92\times(19+81)=3.92\times100=392$

(7) 与式$=\frac{54}{10}\times\frac{5}{9}+7\div(1.2-0.2)=3+7\div1=3+7=10$

[2] まず，ＢからＢ以外の各頂点に向かって直線をひく。次に，Ａにコンパスの針をおき，ＡＢの長さをコンパスでとり，ＡＢ＝ＡＰとなるようなＰを直線ＢＡ上にとる(Ｂとは異なる点とする)。同様にして，ＥＢ＝ＥＱ，ＤＢ＝ＤＲ，ＣＢ＝ＣＳとなるようなＱ，Ｒ，Ｓをとると，五角形ＰＢＳＲＱは五角形ＡＢＣＤＥを２倍にした拡大図となる。

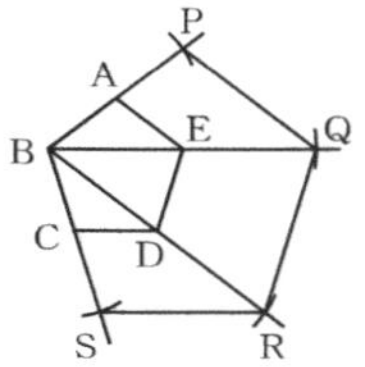

[3] (1) あるチームは自分以外の７チームと試合をするので，全部で７試合する。このことから全部で$7\times8=56$(試合)と計算すると，１つの試合を二重に数えていることになる(例えば，Ａチーム対ＢチームとＢチーム対Ａチームで２試合と数えていることになる)。したがって，全部の試合数は，$56\div2=28$(試合)

(2) **【解き方】トーナメントでは，１試合行うごとに１つのチームが負ける。**

優勝する１チームが決まるまでに，$8-1=7$(つ)のチームが負ければよいので，全部で７試合になる。また，実際にトーナメントをつくると，右図のようになる。

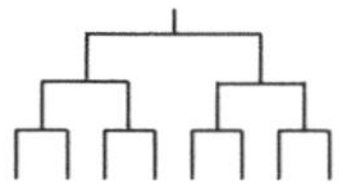

[4] **【解き方】１Ｌは１辺が10㎝の立方体に入る水の体積なので，１Ｌ＝10㎝×10㎝×10㎝＝1000㎤である。**

直方体の水そうの容積は$20\times30\times50=30000$(㎤)，バケツ１ぱいの容積は５Ｌ＝(５×1000)㎤＝5000㎤である。

よって，$30000\div5000=6$(はい目)でいっぱいになる。

[5] **【解き方】半円の面積は①と②の面積の和，直角三角形の面積は②と③の面積の和であり，①と③の面積が等しいので，半円と直角三角形の面積は等しいとわかる。**

半円の半径は$8\div2=4$(㎝)だから，直角三角形の面積は半円の面積に等しく，$4\times4\times3.14\div2=8\times3.14$(㎠)

よって，ＢＣの長さは，$(8\times3.14)\times2\div8=2\times3.14=6.28$(㎝)である。

[6] **【解き方】それぞれのコーヒー牛乳に入っている牛乳の量を求める。**

Ａ社は150mLのうち，$30\%=\frac{30}{100}=\frac{3}{10}$が牛乳だから，$150\times\frac{3}{10}=45$(mL)

Ｂ社は200mLのうち，２割$=\frac{2}{10}=\frac{1}{5}$が牛乳だから，$200\times\frac{1}{5}=40$(mL)

よって，入っている牛乳の量は，Ａ社のコーヒー牛乳が$45-40=5$(mL)多い。

[7] 対称の軸で折り重ねたときに，ぴったり重なればよい。

右図のように，全部で６本ある。

[8] (1) **【解き方】百の位の数から考え，それぞれの位の数の選び方が何通りあるのかを考える。**

百の位の数は，０を除く１，２，３，４の４通りある(百の位の数が０のときは３けたの整数にならない)。

百の位の数１通りごとに，十の位の数は，０，１，２，３，４から百の位で選ばれた数を除いた$5-1=4$(通り)ある。

十の位の数１通りごとに，一の位の数は，０，１，２，３，４から百の位と十の位で選ばれた数を除いた５－２＝３(通り)ある。

よって，求める整数の個数は，４×４×３＝48(個)である。

(2)　**【解き方】一の位の数が奇数である整数は，奇数となる。よって，できる３けたの奇数は，一の位の数が１または３となる。よって，その２つの場合について，(1)のように考えてそれぞれの個数を求める。**

一の位の数が１のとき，百の位の数の選び方は，２，３，４の３通り，十の位の数の選び方は，０，２，３，４のうち，百の位の数で選ばれた数を除いた４－１＝３(通り)ある。よって，一の位の数が１となる３けたの奇数は，３×３＝９(個)ある。同様にして，一の位の数が３となる３けたの奇数も９個あるとわかるので，求める整数の個数は，９＋９＝18(個)である。

9　(1)　**【解き方】円の中心が通過した部分は，右図の太線部分である。直線部分と曲線部分の長さを，それぞれ求める。**

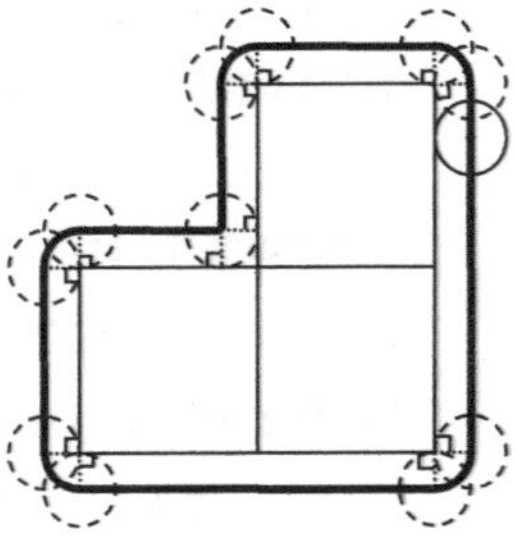

通過した部分のうち，直線部分の長さは，５×６＋(５－１)×２＝38(cm)

曲線部分の長さは，半径が１cm，中心角が90°のおうぎ形の曲線部分の長さの５倍だから，$(1\times2\times3.14\times\frac{90}{360})\times5=\frac{5}{2}\times3.14=7.85$(cm)

よって，求める長さは，38＋7.85＝45.85(cm)

(2)　**【解き方】円が通過した部分は，右図の色付き部分である。通過した部分について，右図のように長方形とおうぎ形と㋐の形でわけ，それぞれの面積を求める。**

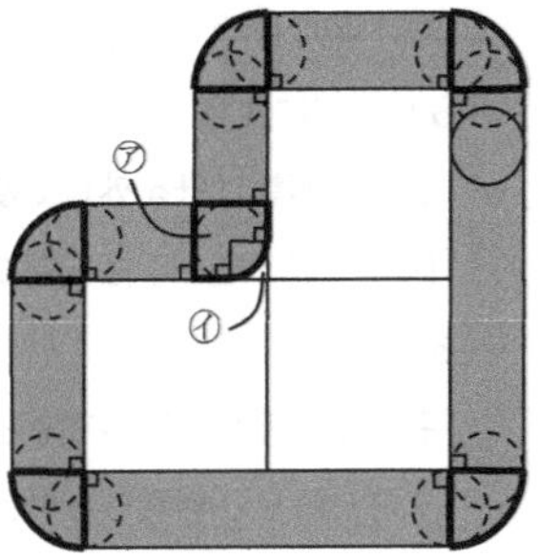

６つの長方形を，長さが１×２＝２(cm)の辺を縦の辺として合わせると，横の長さの和は５×６＋(５－２)×２＝36(cm)となるので，面積は２×36＝72(cm²)

５つのおうぎ形はすべて，半径が２cm，中心角が90°だから，面積は

$(2\times2\times3.14\times\frac{90}{360})\times5=5\times3.14=15.7$(cm²)

㋐は，１辺の長さが２cmの正方形から，㋑を取り除いた形である。

㋑は，１辺の長さが１cmの正方形から，半径が１cm，中心角が90°のおうぎ形を取り除いた形なので，面積は

$1\times1-1\times1\times3.14\times\frac{90}{360}=1-0.785=0.215$(cm²)である。よって，㋐の面積は，２×２－0.215＝3.785(cm²)

したがって，求める面積は，72＋15.7＋3.785＝91.485(cm²)

10　**【解き方】大成くんの作品から，針金１ｍあたりの重さを求める。**

４ｍの針金が18ｇだから，針金１ｍあたりの重さは18÷４＝4.5(ｇ)である。

よって，精華さんの作品の重さは，4.5×2.2＝9.9(ｇ)である。

11　(1)　□分以上は□分を含《ふく》む，□分未満は□分を含まないことに気をつけよう。

(2)　(1)のグラフより，20分以上が１＋３＝４(人)，18分以上が４＋３＝７(人)いるから，登校にかかる時間が６番目に多い生徒は，18分以上20分未満のところにいる。

(3)　20人の中央値は，20÷２＝10より，かかる時間を多い(または)少ない順に並べたときの10番目と11番目の時間の平均である。平均値は，(かかる時間の合計)÷(人数)で求められる。また，最頻値は，最も度数(人数)の多い記録なので，20分と求めることができるが，この問題では中央値や平均値と比べるのがよいであろう。

■ ご使用にあたってのお願い・ご注意

（1）問題文等の非掲載

著作権上の都合により，問題文や図表などの一部を掲載できない場合があります。

誠に申し訳ございませんが，ご了承くださいますようお願いいたします。

（2）過去問における時事性

過去問題集は，学習指導要領の改訂や社会状況の変化，新たな発見などにより，現在とは異なる表記や解説になっている場合があります。過去問の特性上，出題当時のままで出版していますので，あらかじめご了承ください。

（3）配点

学校等から配点が公表されている場合は，記載しています。公表されていない場合は，記載していません。

独自の予想配点は，出題者の意図と異なる場合があり，お客様が学習するうえで誤った判断をしてしまう恐れがあるため記載していません。

（4）無断複製等の禁止

購入された個人のお客様が，ご家庭でご自身またはご家族の学習のためにコピーをすることは可能ですが，それ以外の目的でコピー，スキャン，転載（ブログ，ＳＮＳなどでの公開を含みます）などをすることは法律により禁止されています。学校や学習塾などで，児童生徒のためにコピーをして使用することも法律により禁止されています。

ご不明な点や，違法な疑いのある行為を確認された場合は，弊社までご連絡ください。

（5）けがに注意

この問題集は針を外して使用します。針を外すときは，けがをしないように注意してください。また，表紙カバーや問題用紙の端で手指を傷つけないように十分注意してください。

（6）正誤

制作には万全を期しておりますが，万が一誤りなどがございましたら，弊社までご連絡ください。

なお，誤りが判明した場合は，弊社ウェブサイトの「ご購入者様のページ」に掲載しておりますので，そちらもご確認ください。

■ お問い合わせ

解答例，解説，印刷，製本など，問題集発行におけるすべての責任は弊社にあります。

ご不明な点がございましたら，弊社ウェブサイトの「お問い合わせ」フォームよりご連絡ください。迅速に対応いたしますが，営業日の都合で回答に数日を要する場合があります。

ご入力いただいたメールアドレス宛に自動返信メールをお送りしています。自動返信メールが届かない場合は，「よくある質問」の「メールの問い合わせに対し返信がありません。」の項目をご確認ください。

また弊社営業日（平日）は，午前９時から午後５時まで，電話でのお問い合わせも受け付けています。

2025 春

株式会社教英出版

〒422-8054　静岡県静岡市駿河区南安倍３丁目 12-28

TEL　054-288-2131　　FAX　054-288-2133

URL　https://kyoei-syuppan.net/

MAIL siteform@kyoei-syuppan.net

教英出版

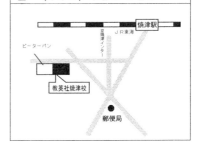

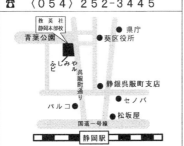

日曜進学教室の指導システム

理解を深め、定着させる５つのＳＴＥＰ

STEP 1 予習

当社で設定したカリキュラムに従い、毎週、次の日曜日に学習する項目に関して予習をしてきていただきます。これは、次の日曜日にどのようなことを学習するのか概要をつかみ、疑問点などを明確にしておくためのものです。

STEP 2 テスト

日曜進学教室では、毎週、テストを行います(30 分間)。予習範囲の学習内容がどの程度理解できているかを、児童自身が確認するためのテストであり、また、問題を解くことでさらに理解を深めていくための指導用のテストでもあります。(得点を競うためのテストではありません。)

STEP 3 解

テスト終了
います(50 分
解けなかった
いたところを
し、正しい理
また、正答を
や、問題を解
ど、実践的解
指導し、類似
養います。

1　**対象**　**小学5・6年**

2　**期間**　**5年生**　**2024 年2月4日(日)～2025 年1月 12 日(日)**
6年生　**2024 年2月4日(日)～2025 年1月5日(日)**

3　**時間**　**9:00～12:00**

模擬テスト(4月～)のあるときは　**10:00～12:00…中学入試模擬テスト**
13:00～15:30…解説授業

※静岡本部校は同内容の「土曜コース」があります。(詳細は別紙参照)
※焼津校の５年生は通常授業・模擬テスト・解説授業とも土曜日の実施となります。(祝日・講習会中は日曜日の実施)
※日曜進学教室生は、「中学入試模擬テスト」を必ず受験していただきます。
※日曜進学教室生(６年)は、年２回(４月７日、６月 23 日)「学力チェックテスト」を必ず受験していただきます。
※「中学入試模擬テスト」「学力チェックテスト」の詳細は別紙パンフレットをご覧ください。

年生
年生

2025年度中学入試用
静岡県中学入試模擬テスト

対象校

静大附属静岡・島田・浜松・不二聖心・日大三島・暁秀・星陵・富士見・サレジオ
翔洋・大成・英和・雙葉・常葉・常葉橘・静岡学園・聖光・静岡北・城南
藤枝明誠・順心・常葉菊川・磐田東・西遠・開誠館・浜松日体・浜松学芸
聖隷・浜松学院・浜松修学舎・沼津市立・清水南・浜松西

入試直結の問題・確かなデータ

ポイント1　静岡県の中学受験を完全網羅

教英社の中学入試模擬テストは、静岡県で過去に出題された問題を中心に入試問題を研究し、翌年の静岡県の中学入試を予想して作成されたものです。

ポイント2　正確な合否判定資料

この模擬テストには、静岡県の中学受験を希望する方の大多数にご参加いただいていますので、個人成績表に示されたデータは、客観的に各受験者の合格判定をはかる確かなデータとなっています。

ポイント3　弱点把握・学習指針

当社独自に年間カリキュラムを作成し、中学入試に必要とされる学習項目をすべて試験にとり入れておりますので、年間を通じて受験していただければ、入試のためにどのような学習が必要か、自分の苦手なところはどこかなどを判断する上での参考にもなります。この模擬テストを目標に学習をすすめ、正確なデータにもとづき各自の学力の伸びを判断していけば、志望校合格への道は開けてくるはずです。

■ 実施日

6年生

① 2月12日(月・祝)	⑧ 9月15日(日)
② 4月21日(日)	⑨ 10月6日(日)
③ 5月19日(日)	⑩ 10月20日(日)
④ 6月16日(日)	⑪ 11月3日(日)
⑤ 7月21日(日)	⑫ 11月17日(日)
⑥ 8月18日(日)	⑬ 12月1日(日)
⑦ 9月1日(日)	⑭ 12月15日(日)

5年生

① 2月12日(月・祝)	⑦ 9月15日(日)
② 4月21日(日)	⑧ 10月20日(日)
③ 5月19日(日)	⑨ 11月17日(日)
④ 6月16日(日)	⑩ 12月15日(日)
⑤ 7月21日(日)	⑪ 1月5日(日)
⑥ 8月18日(日)	

■ 会場・時間・受験料　※ 2/12のみ時間が異なります。(詳細は別紙参照)

学年(科目)／会場	6年生　2科目(国・算)	5年生　2科目(国・算)
静岡本部校	10:00～12:00　または　13:00～15:00	
焼津校	10:00～12:00	
受験料	**1回4,500円(税込)。** ただし、前もって無料模擬以外の5回以上をまとめて予約された方は1回4,000円(税込)で受験できます。実施日前日までにまとめてご予約された分のみ割引の対象となります。当日申し込み分は割引の対象とはなりませんのでご了承ください。予約日の変更はできませんのでご注意ください。 実施日前日までにご予約されていない方で、自宅での受験を希望される場合、問題用紙の**郵送料**が別途掛かりますのでご了承ください。 **※「予約」とは実施日前日までに受験料のお支払いがされていることです。電話でのお申込みは予約にはなりませんのでご注意ください。(※無料模擬除く)**	

テスト出題範囲

・小6　9月以降の範囲（上段から1回目、2回目）

・前回までの内容はすべて、次のテストの出題範囲になります。

月	7　月	8　月	9　月	10　月	11　月	12　月	1　月
章 頭 での復習）	○説明的文章 ○随筆文 ○ことわざ ○慣用句 ○語句の意味と 用法	○7月までの 総復習	○説明的文章 ○物語 ○熟語	○説明的文章 ○物語 ○助詞・助動詞	○説明的文章 ○物語 ○敬語	○総合問題①	
			○説明的文章 ○随筆文 ○熟語	○説明的文章 ○随筆文 ○助詞・助動詞	○説明的文章 ○物語 ○敬語 ○文の書きかえ	○総合問題②	
け算・	○小数と分数の 計算	○対称な図形 ○資料の整理	○8月までの 総復習	○角柱・円柱 の体積・表面積	○拡大図・縮図 ○比例・反比例	○総合問題①	
			○曲線のある図形	○比	○ならべ方 組合せ	○総合問題②	
反対語 での復習）	○説明文 ○詩 ○言葉のきまり （主語・述語 ・修飾語）	○7月までの 総復習	○説明文 ○随筆文 ○言葉の意味 ○ことわざ・ 慣用句	○説明文 ○伝記文 ○漢字・熟語の まとめ	○説明文 ○物語 ○言葉のきまり・ 言葉の意味の まとめ	○説明文 ○随筆文 ○言葉のきまり （敬語）	○総合問題
	○小数のかけ算	○小数のわり算	○図形の角	○倍数・約数	○分数のたし算・ ひき算	○単位量あたり の大きさ	○図形の面積

小　5
1日（木）～4月1日（月） の7日間　予定
9日（月）～8月22日（木） の14日間　予定
3日（月）～12月31日（火） の7日間　予定

バックナンバー受験制度

本年度に実施された「中学入試模擬テスト」で、すでに終了した回の「中学入試模擬テスト」をさかのぼって受験することができます。採点した答案とともに、その回の成績表をお付けします。復習、入試対策にご利用ください。（※「まとめて予約」の適用外となります）

1回分受験料　4,500円（税込）＋郵送料

自宅でテストが受けられます

お電話またはホームページのお問合せフォームよりお申込み下さい。

① 郵送にて問題用紙をお送りします。（実施日1~2日前後着予定）

② 解答用紙と受験票をご返送ください。

③ 到着後、採点集計し、テスト結果を返送いたします。

※受験料は同封の払込票で、問題用紙到着後1週間以内にお支払いください。

1回分受験料　4,500円（税込）＋郵送料

2025 年度中学入試　模擬テ

		2 月	4 月	5 月	6
6年生	国語	○5年までの　総復習	○説明的文章 ○物語 ○漢字の音訓 ○漢字の部首・　画数・筆順	○説明的文章 ○物語 ○送りがな・　かなづかい ○文の組み立て	○説明的文 ○詩 ○単語の種
			（漢字の読み書きは、8月までは5年生ま		
	算数	○5年までの　総復習 ○速さ	○正多角形と円 ○割合	○割合とグラフ ○文字と式	○分数のか　わり算
5年生	国語	○4年までの　総復習	○説明文 ○物語 ○漢字の音訓 ○漢字の部首・　画数・筆順	○説明文 ○物語 ○同訓異字・　同音異義語 ○送りがな・　かなづかい	○説明文 ○随筆文 ○熟語 ○同類語・
			（漢字の読み書きは、8月までは4年生ま		
	算数	○4年までの　総復習	○小数と整数	○合同な図形 ○比例	○体積

※ 6年生2月算数：正多角形と円、割合、割合とグラフを除く

	小　6	
春期講習	3月21日(木)〜4月2日(火) の8日間　予定	3月2
夏期講習	7月29日(月)〜8月22日(木) の14日間　予定	7月2
冬期講習	12月23日(月)〜1月3日(金) の8日間　予定	12月2

詳しくはパンフレットをご請求ください。

■ 申し込み方法

① 教英社事務所での取り扱い(当日受付も承ります。ただし、初めて本テストを受験される方は、ご予約の上受験されることをお勧めします。)

② 現金書留(申込書を添えて郵送下さい。)
静岡本部校のみ

(注) 教英社現教室生は、授業料の中に模擬テスト受験料(教室生割引き金額)も含まれておりますので、申し込みの必要はありません。

■ 持ち物

筆記用具(シャープペンは不可)

■ 解説授業

教英社の現教室生は、実施日午後(13：00〜15：30)に行われる模擬テスト解説授業をテスト受験料プラス2,500円で受講できます。あらかじめ御予約ください。日曜進学教室生は申し込みの必要はありません。定員に達し次第締切ります。**模擬テストのみ・講習会受講のみの児童は参加できません。**

約　定

1 模擬テスト参加を受験料払込みのうえ予約された方で当日何らかの事情で欠席されても受験料は返金致しません。問題用紙を発送させて戴きますのでご自宅で解いて、解答用紙を小社宛に返送して下さい。採点後、成績表とともに郵送致します。

2 解説授業に申し込まれた方で、当日何らかの事情で欠席された場合、振り替え授業がありません。また、受講料も返金できませんのでご注意下さい。

3 答案の採点に当たっては四審し、万全を期しておりますが、万一採点ミスがありましたら恐れ入りますが小社宛返送して下さい。訂正後送料当社負担にて郵送させて戴きます。

教英社
KYOEISHA

http://kyoeisha.jp

静岡本部校	〒420-0031 静岡市葵区呉服町2-3-1 ふしみやビル5F	(054) 252−3445
焼津校	〒425-0026 焼津市焼津1-10-29	(054) 628−7254

キリトリ線

教英社　中学入試模擬テスト　申込書

※教英社の会員証をお持ちの方は**太枠部分のみ記入**して下さい。

会員番号	フリガナ	
	本人氏名	男・女
生年月日	志望校名	保護者氏名
・　・		
在学校・学年	電話番号	
小学校　年	〈　〉　−	
	緊急連絡先	
	〈　〉　−	
住所	〒　−	

会場	□ 静岡校　□ 焼津校
学年	□ 6年生　□ 5年生
時間	□ 10：00〜12：00 □ 13：00〜15：00(静岡校のみ)

受験日

受験月日の□に✔を入れて下さい。解説授業希望日は番号に○をつけてください。

学年				
6年生	① 2/12(無料)		⑧ 9/15	□
	② 4/21	□	⑨ 10/6	□
	③ 5/19	□	⑩ 10/20	□
	④ 6/16	□	⑪ 11/3	□
	⑤ 7/21	□	⑫ 11/17	□
	⑥ 8/18	□	⑬ 12/1	□
	⑦ 9/1	□	⑭ 12/15	□
5年生	① 2/12(無料)		⑦ 9/15	□
	② 4/21	□	⑧ 10/20	□
	③ 5/19	□	⑨ 11/17	□
	④ 6/16	□	⑩ 12/15	□
	⑤ 7/21	□	⑪ 1/5	□
	⑥ 8/18	□		

模擬テスト　　回分　　円
現教室生のみ（解説授業　　回分　　円）
を添えて申し込みます。

受験料…………………… 1回　4,500円（税込）
5回以上………………… 1回当たり　4,000円（税込）

※当日会場で申し込む方はこの申込書はいりません。

日曜進学教室

・県内中学受験に添った徹底指導　　・志望校別の豊富な受験資料と情報

業

業を行
のとき
違えて
で確認
ます。
ロセス
意点な
ねんに
用力を

STEP 4 復習

日曜進学教室終了後、ご自宅にて、同じ内容のテストをもう一度解いていただきます。解説授業での指導を思い起こしながら、間違えていたところを修正し、満点の答案を作成することで、日曜進学教室で学んだ指導内容の定着をはかります。〈満点答案の作成〉

STEP 5 模擬テスト

毎月の中学入試模擬テストの内容は、日曜進学教室の学習進度と並行しています。日曜進学教室で学習したことがどの程度理解できているかを、模擬テストを受験することで、客観的に判断できます。また、模擬テスト直後に解説授業が組みこまれているので、テストでの疑問点がすぐに解決できます。

キリトリ

2024年度　小5・6　日曜進学教室　入室申込書

会員番号	フリガナ		在学校名
	生徒氏名	男・女	小学校
学年	生年月日	フリガナ		志望校名
年	年　月　日	保護者名		中学校

住所	〒　－		
電話番号	(　)　－	緊急連絡先	(　)　－

受講会場 ○でかこんでください	1.静岡本部校	2.焼　津　校	入　室　日
	A　日曜(5.6年)コース B　土曜(5.6年)コース	A　日曜(6年)コース B　土曜(5年)コース	年　月　日より
入室金免除	他の講座入室時に支払い済	兄弟姉妹が入室金を支払い済	

既に教英社の会員証をお持ちの方は、太わくの部分のみご記入ください。

曜進学教室室生は、学費の中に、中学入試模擬テスト受験料も含まれております。テスト申込書は提出る必要はありません。

本部校の土曜(5.6年)コースは7月までの実施になります。夏期講習以降は日曜コースに参加していただき。

学　費

〈２ヶ月分の学費〉

約　　定

何らかの事情で途中退室される受験生は、入室金・当月授業料・教材費は返金致しませんので、ご承知おき下さい。

学費(日曜進学教室の授業料は２ヶ月単位)				
学年	学期	授業料(円)	テスト受験料(円)	2ヶ月分合計(円
６年	第一期(２～３月)	４３，２００	0	４３，２００
	第二期(４～５月)	３３，８００	12,500模試(2回)チェック(1回)	４６，３００
	第三期(６～７月)	３８，６００	12,500模試(2回)チェック(1回)	５１，１００
	第四期(８～９月)	３６，３００	12,000模試(3回)	４８，３００
	第五期(10～11月)	２９，２００	16,000模試(4回)	４５，２００
	第六期(12～１月)	２４，２００	8,000(模試2回)	３２，２００
５年	第一期(２～３月)	３７，８００	0	３７，８００
	第二期(４～５月)	３０，２００	8,000(模試2回)	３８，２００
	第三期(６～７月)	３４，４００	8,000(模試2回)	４２，４００
	第四期(８～９月)	３４，４００	8,000(模試2回)	４２，４００
	第五期(10～11月)	３０，２００	8,000(模試2回)	３８，２００
	第六期(12～１月)	２６，０００	8,000(模試2回)	３４，０００

・初回申込時のみ入室金 17,800円がかかります。(兄弟姉妹が入室金を支払い済みの方は必要ありません
　教材費６・５年 8,200円(初回のみ/5・6年内容の合本です)
・途中入室の場合の授業料は残りの授業回数で計算します。
・上記金額には消費税が含まれております。
※学力チェックテスト(6年)を4月7日、6月23日に実施。国・算の弱点を分析し指導の資料とします。

教室案内・行事予定

1.　中学入試模擬テスト
小学校 5.6 年対象―国語・算数
6 年生 14 回　5 年生 11 回

2.　受験科教室
小学校 5.6 年対象―国語・算数

3.　志望校別特訓クラス　小学校 6 年対象

4.　清水南中受検総合適性クラス
静岡本部校　小学校 6 年対象

5.　志望校別模擬テスト(附属静岡・島田・雙葉)
小学校 6 年対象

6.　講　習　会 (春・夏・冬)

7.　問　題　集
・国・私立中学入試問題集―静附・雙葉・英和・聖光・常葉・静学・橘・翔洋・不二聖心・サレジオ・西遠・浜松開誠館・暁秀・浜松西・清水南他
・面接試験受験の要領・面接試験の要領ＤＶＤ
・中学入試総まとめ　国語・算数

教英出版　2025年春受験用　中学入試問題集

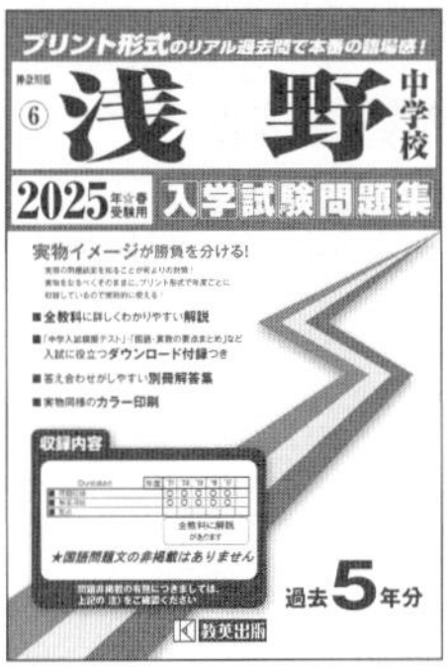

学校別問題集

✿はカラー問題対応

北海道

①[市立]札幌開成中等教育学校
②藤女子中学校
③北嶺中学校
④北星学園女子中学校
⑤札幌大谷中学校
⑥札幌光星中学校
⑦立命館慶祥中学校
⑧函館ラ・サール中学校

青森県

①[県立]三本木高等学校附属中学校

岩手県

①[県立]一関第一高等学校附属中学校

宮城県

①[県立]宮城県古川黎明中学校
②[県立]宮城県仙台二華中学校
③[市立]仙台青陵中等教育学校
④東北学院中学校
⑤仙台白百合学園中学校
⑥聖ウルスラ学院英智中学校
⑦宮城学院中学校
⑧秀光中学校
⑨古川学園中学校

秋田県

①[県立]
- 大館国際情報学院中学校
- 秋田南高等学校中等部
- 横手清陵学院中学校

山形県

①[県立]
- 東桜学館中学校
- 致道館中学校

福島県

①[県立]
- 会津学鳳中学校
- ふたば未来学園中学校

茨城県

①[県立]
- 日立第一高等学校附属中学校
- 太田第一高等学校附属中学校
- 水戸第一高等学校附属中学校
- 鉾田第一高等学校附属中学校
- 鹿島高等学校附属中学校
- 土浦第一高等学校附属中学校
- 竜ヶ崎第一高等学校附属中学校
- 下館第一高等学校附属中学校
- 下妻第一高等学校附属中学校
- 水海道第一高等学校附属中学校
- 勝田中等教育学校
- 並木中等教育学校
- 古河中等教育学校

栃木県

①[県立]
- 宇都宮東高等学校附属中学校
- 佐野高等学校附属中学校
- 矢板東高等学校附属中学校

群馬県

①
- [県立]中央中等教育学校
- [市立]四ツ葉学園中等教育学校
- [市立]太田中学校

埼玉県

①[県立]伊奈学園中学校
②[市立]浦和中学校
③[市立]大宮国際中等教育学校
④[市立]川口市立高等学校附属中学校

千葉県

①[県立]
- 千葉中学校
- 東葛飾中学校

②[市立]稲毛国際中等教育学校

東京都

①[国立]筑波大学附属駒場中学校
②[都立]白鷗高等学校附属中学校
③[都立]桜修館中等教育学校
④[都立]小石川中等教育学校
⑤[都立]両国高等学校附属中学校
⑥[都立]立川国際中等教育学校
⑦[都立]武蔵高等学校附属中学校
⑧[都立]大泉高等学校附属中学校
⑨[都立]富士高等学校附属中学校
⑩[都立]三鷹中等教育学校
⑪[都立]南多摩中等教育学校
⑫[区立]九段中等教育学校
⑬開成中学校
⑭麻布中学校
⑮桜蔭中学校
⑯女子学院中学校
✿⑰豊島岡女子学園中学校
⑱東京都市大学等々力中学校
⑲世田谷学園中学校
✿⑳広尾学園中学校(第2回)
✿㉑広尾学園中学校(医進・サイエンス回)
㉒渋谷教育学園渋谷中学校(第1回)
㉓渋谷教育学園渋谷中学校(第2回)
㉔東京農業大学第一高等学校中等部(2月1日 午後)
㉕東京農業大学第一高等学校中等部(2月2日 午後)

神奈川県

①[県立]相模原中等教育学校
　　　　平塚中等教育学校
②[市立]南高等学校附属中学校
③[市立]横浜サイエンスフロンティア高等学校附属中学校
④[市立]川崎高等学校附属中学校
✿⑤聖光学院中学校
✿⑥浅野中学校
⑦洗足学園中学校
⑧法政大学第二中学校
⑨逗子開成中学校(1次)
⑩逗子開成中学校(2·3次)
⑪神奈川大学附属中学校(第1回)
⑫神奈川大学附属中学校(第2·3回)
⑬栄光学園中学校
⑭フェリス女学院中学校

新潟県

①[県立]村上中等教育学校
　　　　柏崎翔洋中等教育学校
　　　　燕中等教育学校
　　　　津南中等教育学校
　　　　直江津中等教育学校
　　　　佐渡中等教育学校
②[市立]高志中等教育学校
③新潟第一中学校
④新潟明訓中学校

石川県

①[県立]金沢錦丘中学校
②星稜中学校

福井県

①[県立]高志中学校

山梨県

①山梨英和中学校
②山梨学院中学校
③駿台甲府中学校

長野県

①[県立]屋代高等学校附属中学校
　　　　諏訪清陵高等学校附属中学校
②[市立]長野中学校

岐阜県

①岐阜東中学校
②鶯谷中学校
③岐阜聖徳学園大学附属中学校

静岡県

①[国立]静岡大学教育学部附属中学校
　　　　(静岡·島田·浜松)
②[県立]清水南高等学校中等部
　[県立]浜松西高等学校中等部
　[市立]沼津高等学校中等部
③不二聖心女子学院中学校
④日本大学三島中学校
⑤加藤学園暁秀中学校
⑥星陵中学校
⑦東海大学付属静岡翔洋高等学校中等部
⑧静岡サレジオ中学校
⑨静岡英和女学院中学校
⑩静岡雙葉中学校
⑪静岡聖光学院中学校
⑫静岡学園中学校
⑬静岡大成中学校
⑭城南静岡中学校
⑮静岡北中学校
⑯常葉大学附属常葉中学校
　常葉大学附属橘中学校
　常葉大学附属菊川中学校
⑰藤枝明誠中学校
⑱浜松開誠館中学校
⑲静岡県西遠女子学園中学校
⑳浜松日体中学校
㉑浜松学芸中学校

愛知県

①[国立]愛知教育大学附属名古屋中学校
②愛知淑徳中学校
③名古屋経済大学市邨中学校
　名古屋経済大学高蔵中学校
④金城学院中学校
⑤椙山女学園中学校
⑥東海中学校
⑦南山中学校男子部
⑧南山中学校女子部
⑨聖霊中学校
⑩滝中学校
⑪名古屋中学校
⑫大成中学校
⑬愛知中学校
⑭星城中学校
⑮名古屋葵大学中学校
　(名古屋女子大学中学校)
⑯愛知工業大学名電中学校
⑰海陽中等教育学校(特別給費生)
⑱海陽中等教育学校(I·II)
⑲中部大学春日丘中学校
新刊⑳名古屋国際中学校

三重県

①[国立]三重大学教育学部附属中学校
②暁中学校
③海星中学校
④四日市メリノール学院中学校
⑤高田中学校
⑥セントヨゼフ女子学園中学校
⑦三重中学校
⑧皇學館中学校
⑨鈴鹿中等教育学校
⑩津田学園中学校

滋賀県

①[国立]滋賀大学教育学部附属中学校
②[県立]河瀬中学校
　　　　守山中学校
　　　　水口東中学校

京都府

①[国立]京都教育大学附属桃山中学校
②[府立]洛北高等学校附属中学校
③[府立]園部高等学校附属中学校
④[府立]福知山高等学校附属中学校
⑤[府立]南陽高等学校附属中学校
⑥[市立]西京高等学校附属中学校
⑦同志社中学校
⑧洛星中学校
⑨洛南高等学校附属中学校
⑩立命館中学校
⑪同志社国際中学校
⑫同志社女子中学校(前期日程)
⑬同志社女子中学校(後期日程)

大阪府

①[国立]大阪教育大学附属天王寺中学校
②[国立]大阪教育大学附属平野中学校
③[国立]大阪教育大学附属池田中学校

④[府立]富田林中学校
⑤[府立]咲くやこの花中学校
⑥[府立]水都国際中学校
⑦清風中学校
⑧高槻中学校（A日程）
⑨高槻中学校（B日程）
⑩明星中学校
⑪大阪女学院中学校
⑫大谷中学校
⑬四天王寺中学校
⑭帝塚山学院中学校
⑮大阪国際中学校
⑯大阪桐蔭中学校
⑰開明中学校
⑱関西大学第一中学校
⑲近畿大学附属中学校
⑳金蘭千里中学校
㉑金光八尾中学校
㉒清風南海中学校
㉓帝塚山学院泉ヶ丘中学校
㉔同志社香里中学校
㉕初芝立命館中学校
㉖関西大学中等部
㉗大阪星光学院中学校

兵庫県

①[国立]神戸大学附属中等教育学校
②[県立]兵庫県立大学附属中学校
③雲雀丘学園中学校
④関西学院中学部
⑤神戸女学院中学部
⑥甲陽学院中学校
⑦甲南中学校
⑧甲南女子中学校
⑨灘中学校
⑩親和中学校
⑪神戸海星女子学院中学校
⑫滝川中学校
⑬啓明学院中学校
⑭三田学園中学校
⑮淳心学院中学校
⑯仁川学院中学校
⑰六甲学院中学校
⑱須磨学園中学校（第1回入試）
⑲須磨学園中学校（第2回入試）
⑳須磨学園中学校（第3回入試）
㉑白陵中学校
㉒夙川中学校

奈良県

①[国立]奈良女子大学附属中等教育学校
②[国立]奈良教育大学附属中学校
③[県立]
国際中学校
青翔中学校
④[市立]一条高等学校附属中学校
⑤帝塚山中学校
⑥東大寺学園中学校
⑦奈良学園中学校
⑧西大和学園中学校

和歌山県

①[県立]
古佐田丘中学校
向陽中学校
桐蔭中学校
日高高等学校附属中学校
田辺中学校
②智辯学園和歌山中学校
③近畿大学附属和歌山中学校
④開智中学校

岡山県

①[県立]岡山操山中学校
②[県立]倉敷天城中学校
③[県立]岡山大安寺中等教育学校
④[県立]津山中学校
⑤岡山中学校
⑥清心中学校
⑦岡山白陵中学校
⑧金光学園中学校
⑨就実中学校
⑩岡山理科大学附属中学校
⑪山陽学園中学校

広島県

①[国立]広島大学附属中学校
②[国立]広島大学附属福山中学校
③[県立]広島中学校
④[県立]三次中学校
⑤[県立]広島叡智学園中学校
⑥[市立]広島中等教育学校
⑦[市立]福山中学校
⑧広島学院中学校
⑨広島女学院中学校
⑩修道中学校
⑪崇徳中学校
⑫比治山女子中学校
⑬福山暁の星女子中学校
⑭安田女子中学校
⑮広島なぎさ中学校
⑯広島城北中学校
⑰近畿大学附属広島中学校福山校
⑱盈進中学校
⑲如水館中学校
⑳ノートルダム清心中学校
㉑銀河学院中学校
㉒近畿大学附属広島中学校東広島校
㉓AICJ中学校
㉔広島国際学院中学校
㉕広島修道大学ひろしま協創中学校

山口県

①[県立]
下関中等教育学校
高森みどり中学校
②野田学園中学校

徳島県

①[県立]
富岡東中学校
川島中学校
城ノ内中等教育学校
②徳島文理中学校

香川県

①大手前丸亀中学校
②香川誠陵中学校

愛媛県

①[県立]
今治東中等教育学校
松山西中等教育学校
②愛光中学校
③済美平成中等教育学校
④新田青雲中等教育学校

高知県

①[県立]
安芸中学校
高知国際中学校
中村中学校

福岡県

①[国立]福岡教育大学附属中学校（福岡·小倉·久留米）

②[県立]
- 育徳館中学校
- 門司学園中学校
- 宗像中学校
- 嘉穂高等学校附属中学校
- 輝翔館中等教育学校

③西南学院中学校
④上智福岡中学校
⑤福岡女学院中学校
⑥福岡雙葉中学校
⑦照曜館中学校
⑧筑紫女学園中学校
⑨敬愛中学校
⑩久留米大学附設中学校
⑪飯塚日新館中学校
⑫明治学園中学校
⑬小倉日新館中学校
⑭久留米信愛中学校
⑮中村学園女子中学校
⑯福岡大学附属大濠中学校
⑰筑陽学園中学校
⑱九州国際大学付属中学校
⑲博多女子中学校
⑳東福岡自彊館中学校
㉑八女学院中学校

佐賀県

①[県立]
- 香楠中学校
- 致遠館中学校
- 唐津東中学校
- 武雄青陵中学校

②弘学館中学校
③東明館中学校
④佐賀清和中学校
⑤成穎中学校
⑥早稲田佐賀中学校

長崎県

①[県立]
- 長崎東中学校
- 佐世保北中学校
- 諫早高等学校附属中学校

②青雲中学校
③長崎南山中学校
④長崎日本大学中学校
⑤海星中学校

熊本県

①[県立]
- 玉名高等学校附属中学校
- 宇土中学校
- 八代中学校

②真和中学校
③九州学院中学校
④ルーテル学院中学校
⑤熊本信愛女学院中学校
⑥熊本マリスト学園中学校
⑦熊本学園大学付属中学校

大分県

①[県立]大分豊府中学校
②岩田中学校

宮崎県

①[県立]五ヶ瀬中等教育学校

②[県立]
- 宮崎西高等学校附属中学校
- 都城泉ヶ丘高等学校附属中学校

③宮崎日本大学中学校
④日向学院中学校
⑤宮崎第一中学校

鹿児島県

①[県立]楠隼中学校
②[市立]鹿児島玉龍中学校
③鹿児島修学館中学校
④ラ・サール中学校
⑤志學館中等部

沖縄県

①[県立]
- 与勝緑が丘中学校
- 開邦中学校
- 球陽中学校
- 名護高等学校附属桜中学校

もっと過去問シリーズ

北海道

北嶺中学校
7年分（算数・理科・社会）

静岡県

静岡大学教育学部附属中学校
（静岡·島田·浜松）
10年分（算数）

愛知県

愛知淑徳中学校
7年分（算数・理科・社会）
東海中学校
7年分（算数・理科・社会）
南山中学校男子部
7年分（算数・理科・社会）
南山中学校女子部
7年分（算数・理科・社会）
滝中学校
7年分（算数・理科・社会）
名古屋中学校
7年分（算数・理科・社会）

岡山県

岡山白陵中学校
7年分（算数・理科）

広島県

広島大学附属中学校
7年分（算数・理科・社会）
広島大学附属福山中学校
7年分（算数・理科・社会）
広島学院中学校
7年分（算数・理科・社会）
広島女学院中学校
7年分（算数・理科・社会）
修道中学校
7年分（算数・理科・社会）
ノートルダム清心中学校
7年分（算数・理科・社会）

愛媛県

愛光中学校
7年分（算数・理科・社会）

福岡県

福岡教育大学附属中学校
（福岡·小倉·久留米）
7年分（算数・理科・社会）
西南学院中学校
7年分（算数・理科・社会）
久留米大学附設中学校
7年分（算数・理科・社会）
福岡大学附属大濠中学校
7年分（算数・理科・社会）

佐賀県

早稲田佐賀中学校
7年分（算数・理科・社会）

長崎県

青雲中学校
7年分（算数・理科・社会）

鹿児島県

ラ·サール中学校
7年分（算数・理科・社会）

※もっと過去問シリーズは国語の収録はありません。

教英出版
〒422-8054
静岡県静岡市駿河区南安倍3丁目12－28
TEL 054-288-2131
FAX 054-288-2133
詳しくは教英出版で検索
教英出版 検索
URL https://kyoei-syuppan.net/

二〇二四（令和六）年度中学入試　一次試験問題　国語（その一）(50分)

静岡大成中学校

受検番号　　氏名

（配点非公表）

一　次の――線のカタカナを漢字に直しなさい。

① 動画にジマクをつける編集をする。

② セイセイＡＩに文章を書かせる。

③ 荷物のサイハイタツをたのむ。

④ キヌで織られた着物を着る。

⑤ 重大な責任をオう立場になる。　　う

二　次の――線の漢字をひらがなに直しなさい。

① ひそんでいる問題を可視化する。

② すべての被《ひ》害者を救済する。

③ 人を中傷する言葉を発してはいけない。

④ 見通しをもった計画を立てる。　　し

⑤ 話を手短にまとめる。

静岡大成中学校

二〇二四（令和六）年度中学入試　一次試験問題　国語（その二）

受検番号　　　　氏名

六　次の文の（　）の言葉を、敬語を使った言い方に改めなさい。ただし、「～れる、られる」という言葉は使わないこと。

① 校長先生が私たちの発表会を（見る）。

② お客様が（食べた）ものを片付ける。

③ インタビューで商店街の人の話を（聞く）。

④ 近所の方からおみやげを（もらった）。

七　次の文章を読んで、後の問いに答えなさい。

さて、チョウの飛行に関する研究といえば、日高敏隆《ひだかとしたか》さんの本（『チョウはなぜ飛ぶか』）が有名です。チョウが通る道、［A］「チョウ道」を日高さんは発見しました。

日高さんも京都大学で長らく*教鞭《きょうべん》をとっていました。京都市の山の方にあるお住まいにおうかがいしたこともあります。チョウがやってくる大きな庭があり、チョウが好む草や樹木が植えられていました。［B］、日高さんが少年時代、つけていた昆虫《こんちゅう》採集日記も拝見しました。いつどこでどんなチョウを採集したか、①克明《こくめい》に記録されていました。それはちょうど1945年8月15日をはさんで書かれていました。さすがに敗戦日の前後にはすこしだけ空白の日がありますが、まもなく昆虫採集が再開されています。なにはともあれチョウを追う日々。日高さんも*生粋《きっすい》の*ナチュラリストとして育ったのです。こういうことを知れるとうれしくなりますね。

さて日高さんは、長い時間をかけた*フィールドワークの結果、一日のうち、アゲハチョウ

静岡大成中学校

二〇二四（令和六）年度中学入試　一次試験問題　国語（その三）

受験番号　　　　氏名

問一　［A］、［B］に当てはまる接続語として最もふさわしいものを次からそれぞれ選び、記号で答えなさい。

ア　しかし　イ　また　ウ　なぜなら　エ　つまり　オ　あるいは

A［　］　B［　］

問二　――①「克明に」とあるが、話の流れから判断して、この語句はどのような意味か。最もふさわしいものを次から一つ選び、記号で答えなさい。

ア　こと細かに

イ　おおざっぱに

ウ　色あざやかに

エ　一生懸命《けんめい》に

［　］

問三　――②「それは太陽光線と関係している」とあるが、どういうことか。空らんに当てはまる語句を本文中から三十二字でぬき出しなさい。

チョウは［　　　　　　　　　　　　　　　　　　　　　　　　　　　　　　　　］道を通ってやって来るということ。

二〇二四（令和六）年度中学入試　一次試験問題　国語（その四）

静岡大成中学校

受検番号

氏名

問七　――⑥「いったん見え出すと、次々と見えてきます」とあるが、「チョウ道」の観察の場合、観察者は具体的にどのようなことができるようになるのか。解答らんに続く形で三十字以内でぬき出しなさい。

ようになる。

問八　筆者は、昆虫採集をする上で大事なことはどのようなことだと述べているか。二つ書きなさい。

二〇二四（令和六）年度中学入試　一次試験問題　国語（その五）

静岡大成中学校

受検番号　　　　氏名

八　あなたが繰り返し取り組んだことや、あきらめずに取り組んだことはどのようなことですか。その時の気持ちもふくめて書きなさい。ただし、次のきまりを守ること。

・一六〇字以上二〇〇字以内で書くこと。

・題名や名前は書かず、一行目から書き始めること。

・原稿《げんこう》用紙の使い方を守ること。

（配点非公表）　静岡大成中学校

2024（令和6）年度　中学入試一次　算数

受検番号　　　　氏名

（50分）

1　次の計算をしなさい。

（1）　28+56÷4×3

（計算）

答

（2）　(12−3×2)÷3

（計算）

答

（3）　21×13−(59−41)÷6

（計算）

答

2　下の①，②の両方の線を使って作られる二等辺三角形を，２種類作図しなさい。ただし，作図に用いた線は残しておくこと。

①

②

3　次の図は，１辺が10cmの正方形の中に，半径５cmの円をかいたものです。しゃ線部分の面積を求めなさい。

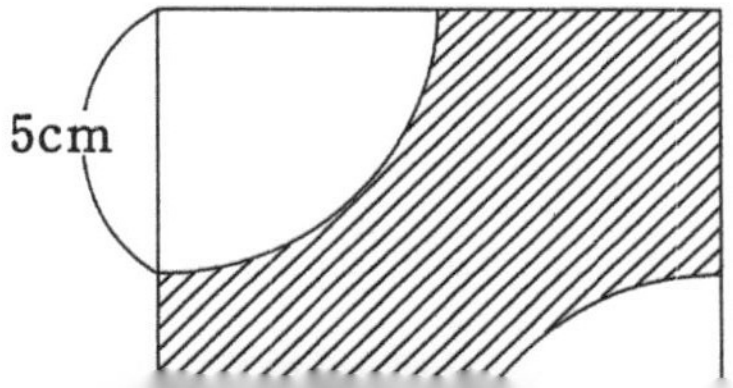

静岡大成中学校

2024(令和6)年度　中学入試一次　算数

受検番号 ＿＿＿＿　氏名 ＿＿＿＿

5　兄は4800円，弟は3600円持っています。兄から弟に何円わたすと，弟のお金が兄のお金より500円多くなりますか。

答 ＿＿＿＿ 円

6　0，3，6，7 の４枚のカードのうち，３枚のカードを並べて３けたの整数をつくります。

(1)　最も小さい３けたの奇数を答えなさい。

7　次の円グラフは，地球の陸地面積を100％としたときの各大陸の陸地面積の割合です。

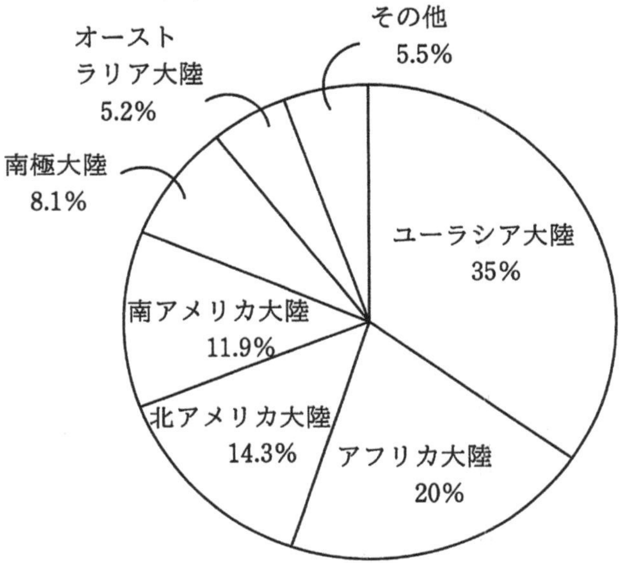

(1)　ユーラシア大陸の陸地面積は，アフリカ大陸の陸地面積の何倍か求めなさい。

静岡大成中学校

2024(令和6)年度　中学入試一次　算数

受検番号　　　　氏名

8　次の図は，１辺が２cmの立方体を６個積み重ねて作った立体です。この立体のすべての面を赤いペンキでぬったあと，６つの立方体にもどしたとき，ペンキでぬられていない部分の面積の合計を求めなさい。

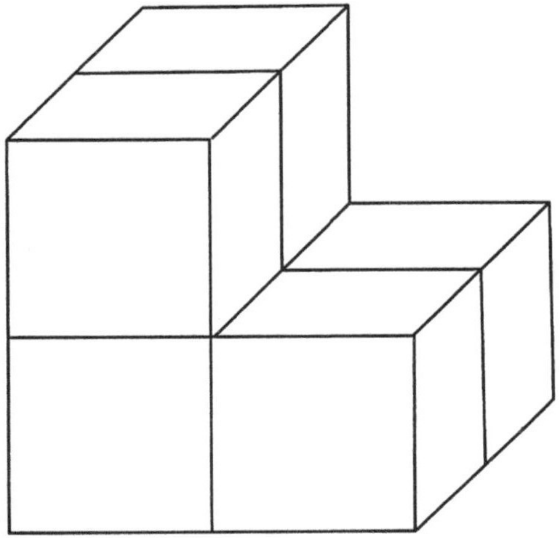

答　　　　cm^2

10　次の会話文は，太郎さんと花子さんが沖縄へ修学旅行へ行ったときの，おみやげやさんでの会話です。これを読んで，□にはいる数を答えなさい。また，計算の流れを文章や式で説明しなさい。

太郎さん「僕は家族と部活動の後はいのみんなにおみやげを買って帰ろうと思っているんだ。」

花子さん「素敵ね。何をおみやげにしようと思っているの？」

太郎さん「それがまだ決めていないんだよね。おこづかいを5000円持ってきたから，そのうちの４割を家族の分にして，残りのお金で後はいへおみやげを買うとしたら…。」

花子さん「後はいは何人いるの？」

太郎さん「15人だよ。」

花子さん「それなら後はいへのおみやげは最大で１人当たり□円になるね。」

計算の流れ

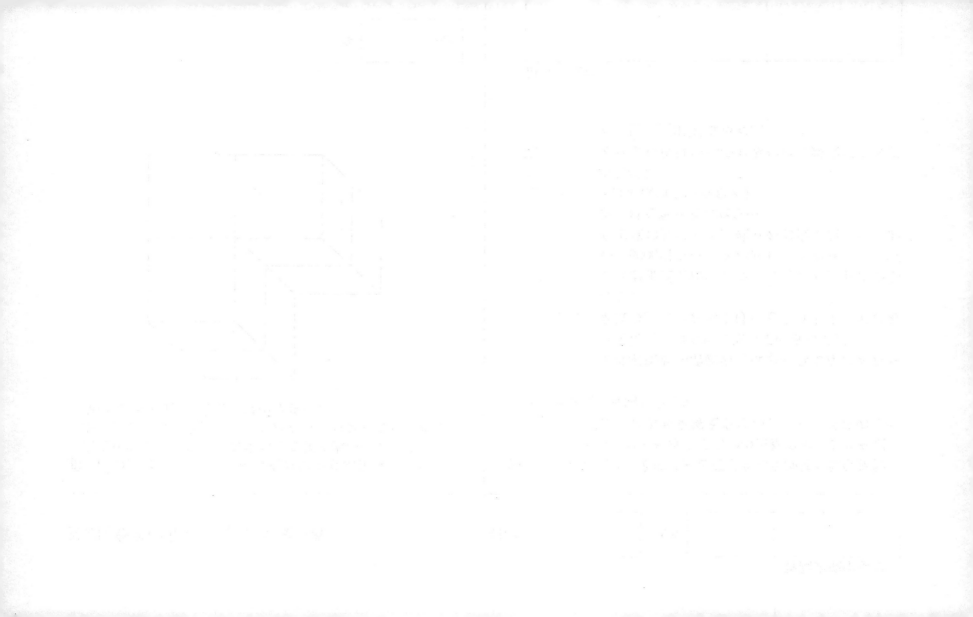

45	35	37	42	47	37	41	40	38	32	
35	48	49	36	37	41	43	49	51	34	(kg)

(1) 最頻値を求めなさい。

答 [　　　　] kg

(2) ヒストグラムに表しなさい。なお，★のマスは25kg以上30kg未満を表します。

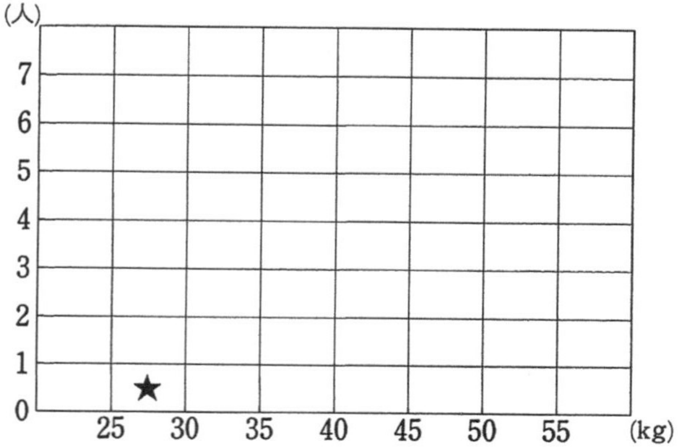

答 [　　　　] 円

答

(2) 最も大きい３けたの４の倍数を答えなさい。

答

答 倍

(2) 地球の陸地面積はおよそ１億5000万km^2である。北アメリカ大陸の陸地面積を求めなさい。

答 およそ km^2

答

(5) $\frac{1}{3}+\left(2\frac{1}{2}-\frac{4}{5}\right)$

（計算）

答

(6) $4\frac{1}{2}-3\frac{1}{2}\div\frac{7}{8}$

（計算）

答

(7) $4.8-\left(1\frac{5}{12}-\frac{5}{6}\right)\times1\frac{1}{2}$

（計算）

答

答　　　　cm^2

4　次の数量の関係を，文章のとおりに x や y を使った式に表しなさい。

(1)　国語のテストが70点，算数のテストが x 点だったので，２教科の合計は y 点でした。

答

(2)　3000mの道のりを分速60mで x 分歩いたら，残りは1000mでした。

答

↑二〇〇字

↑一六〇字

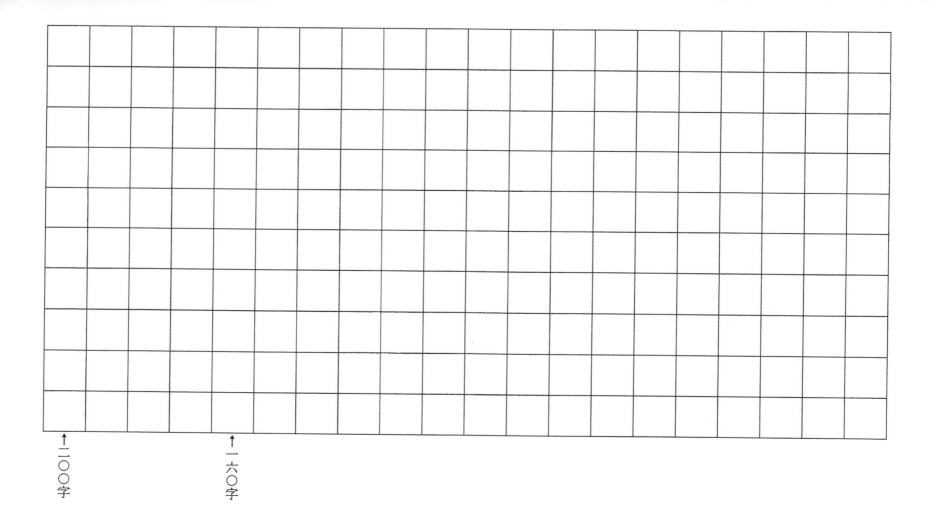

問九　この文章を読んで、クラスで話し合いをした。次の発言の中から、この文章の工夫を説明したものとして当てはまらないものを一つ選び、記号で答えなさい。

ア　大学の先生のような昆虫の専門家も、私たちと同じように子どものころから夢中で虫を捕っていたことを紹介《しょうかい》することで、読者は専門家に対して親近感がわくよね。

イ　筆者は「うれしくなりますね。」と読者に語りかける言葉を使っているよ。このような言葉づかいによって、内容に対してもっと深く共感できたよ。

ウ　「いないなあ」「おや？」「あ、幼虫がいる！」など気持ちを表す言葉が入っていることで、自分も虫を捕っているかのように感じられたよ。

エ　「みる」という言葉に対して、「観る」と「見る」という二つの漢字を区別して使っていたよ。「見る」は目をこらすという意味で使われているね。

問四 ――③「真っ昼間に飛んでもいない」とあるが、それはなぜか、書きなさい。

問五 ――④「ぼんやり見ているだけではだめなんです」とあるが、それはなぜか。理由として最もふさわしいものを次から一つ選び、記号で答えなさい。

ア 葉っぱではなく地面にいることが多いから。
イ 特別な機械を使わないと見られないから。
ウ 見つかりにくい場所にいることが多いから。
エ いないと思いこんで見落としてしまうから。

問六 ――⑤「新鮮な糞の真上には何かがいるはずです」とあるが、そのように判断できるのはなぜか、書きなさい。

がやって来る時間と方角にある法則があることを見つけました。そして②それは太陽光線と関係していることを突《つ》き止めました。アゲハチョウは光の方角を飛行のナビゲーションに使っているのです。光に対して一定の角度を保ちながら、決まった時間に光の当たっているチョウの道を通ってやって来ます。だからアゲハチョウは晴れた日にしかまず飛んできません。また日当たりのよい、森林の切れ目や山道に沿って飛行してきます。これが「チョウ道」です。慣れてくると地形を見ただけで、「チョウ道」の場所の当たりがつけられるようになりますが、最初はわかりません。

光が一定の角度で来るのは朝の一時期と夕方の一時期です。だからチョウが好んで飛行するのも、その2回ぐらいということになります。③真っ昼間に飛んでもいない。卵や幼虫を見つけるにもコツがあります。野山に出かけていくら葉っぱを見つめていても、④ぼんやり見ているだけではだめなんです。*ロボコップみたいにあるレイヤーにズームインして焦点《しょうてん》を合わせないと、なかなか見えない。自然は隠《かく》れることを好むのです。

虫を捕《と》るときに「いないなあ」としょぼんとしながら、ふと地面を見ると……おや？　ある場所にだけ糞《ふん》が落ちているのが目に入ります。あっという間に糞も何もかもすべて地面を片付ける別の虫たちがいるので、新鮮《しんせん》な糞は、一瞬《いっしゅん》のあいだしか地面にとどまっていません。だから見つけた⑤新鮮な糞の真上には何かがいるはずです。それで、真上の樹上を見ると「あ、幼虫がいる！」とわかります。

不思議なことに、そうやって観て、観て、とにかく観ていると今まで見えなかったものが視界に入ってくる。そして、⑥いったん見え出すと、次々と見えてきます。そうやっていろんなことを学んで、調べて、また行って、落胆《らくたん》して帰ってくるけれど、また諦《あきら》めずに出かける。そんなことを繰《く》り返すのが昆虫採集なのです。

福岡伸一『ナチュラリスト　生命を愛でる人』新潮社刊

*教鞭をとる　教師の職を務める。
*生粋の　生まれや育ちについて混じりけがまったくないこと。根っからの。
*ナチュラリスト　自然を愛する人。
*フィールドワーク　屋外など、研究室の外の現場で採集や調査を行うこと。
*ロボコップみたいにあるレイヤーにズームインして焦点を合わせる　周囲の様子を視界に写し、対象や目標となるものを見つけたらそれにピントを合わせて近づいていくこと。映画『ロボコップ』に登場するロボットの動きでたとえた表現。

三

次の□に、それぞれ二字熟語が成り立つように漢字を入れなさい。

① 保→□、警→□、□→送、□→衛

② 無→□、和→□、□→波、□→信

③ 率→□、優→□、□→見、□→行

四

次の文の様子を表すのにふさわしい慣用句をそれぞれ後から選び、記号で答えなさい。

① あの人は先生が来ると急におとなしくなる。

② 目の前で手品を見たが、仕かけがわからずきょとんとした。

③ 弟は他人が言ったことを疑いもせずに信じてしまう。

④ 母はいつも自分の年齢《ねんれい》を本当の年齢より二歳《さい》若く言う。

ア うのみにする　イ ねこをかぶる　ウ さばをよむ　エ きつねにつままれる

五

次の文の――線で結ばれた言葉が主語・述語の関係になっていれば○、なっていなければ×と答えなさい。

① 新しい　写真が　SNSに　投稿《とうこう》された。

② 毎日　宿題に　一生懸命《けんめい》　取り組もう。

③ 先週　母も　かぜを　ひいた。

④ 雨が　降ったので、大会は　中止だった。

二〇二三（令和五）年度中学入試　一次試験問題　国語（その一）
（50分）

静岡大成中学校

受検番号

氏名

（配点非公表）

一　次の――のカタカナを、それぞれ漢字に直しなさい。

① ハンシに漢字を書く。
② 理解にクルしむ出来事。
③ セツデンに協力する。
④ 運動会にはゼッコウの天候だ。
⑤ 弓でイノシシをイる。

①	②	③	④	⑤
	しむ			る

二　次の――の漢字の読みかたを、それぞれひらがなで答えなさい。

① リズムに強弱がある。
② 戦前と戦後を区分する。
③ 一切《いっさい》のむだを省く。
④ 休憩《きゅうけい》時間を設ける。
⑤ 土砂崩《くず》れが起きる。

①	②	③	④	⑤
		く	ける	

二〇二三（令和五）年度中学入試　一次試験問題　国語（その二）

静岡大成中学校

受検番号　　　　氏名

六　次の文の（　　）のことばを、敬語を使った言い方に直しなさい。

① コンクールに入賞し、市長から賞状を（もらう）。

② 理事長が授業をしている教室に（来る）そうだ。

③ 先生が明日の委員会を忘れないようにと（言った）。

七　次の文章を読んで、後の問いにそれぞれ答えなさい。

「人生をよりよく選ぶ」とは、社会に対する適切な知識の量と質で決まってくると言ってもいいでしょう。

そのような適切な知識を獲得《かくとく》するためには、情報収集の力が不可欠です。みなさんが、この本を開いてくださったのも、その一つと言っていいかもしれません。情報がないままでの人生選びなんて、①暗闇《くらやみ》で黒い色のお財布《さいふ》を探すようなものです。

ただ日本の人の多くは、あまり情報の価値に関心を払《はら》っていないように見えます。

［　A　］、情報にお金を払《はら》おうとする人は、それほど多くありません。安く手に入る情報がすべてダメというわけではありませんが、②なぜ、その情報が安いのか、ということをまじめに突《っ》きとめようとしないのです。

情報は「だれが出しているのか」がポイントです。フリーペーパーなどの無料雑誌は、発行のための費用を出してくれるスポンサーがいるから※対価を払《はら》わなくても済んでいるのです。フリーペーパーの記事を読んでいるとき、そのスポンサーはだれなのか、なんのためにスポンサーになっているのか、そのスポンサーが記事内容にどのように影響《えいきょう》を及《およ》ぼしているか、を考えたことはありますか？③安いのは安いなりの意味がある、という場合が少なくないわけで、必要な情報には対価を払うという姿勢も重要です。

受検番号

氏名

⑥自分はこうすべきと思う、だが、事実は、その達成が難しいことを示している、それでも実行するか、しないか。それが「選ぶ」ということです。事実を直視したうえで、自分の価値観に沿って選択《せんたく》したら、⑦次は、成功できる方向へ向けて必要なものを手当てしていけばよいのです。そうすれば、最初の「事実」は変えることができ、こうして、「自分の人生」がつくられていきます。

※対価…人に与えたものに対するお礼として受け取るもの。

※良妻賢母…夫にとってはよい妻であり、子どもにとっては賢い母であること。理想の母親像を示している。

※基盤…ものごとの土台

岩波ジュニア新書『10代から考える生き方選び』竹信三恵子

問一　――線部①「暗闇《くらやみ》で黒い色のお財布《さいふ》を探すようなものです」とあるが、これはどのようなことをたとえているのか。次のア～エの中から最も適切なものを一つ選び記号で答えなさい。

ア　人生の選択《せんたく》をするときに、必ず失敗するということ。

イ　人生の選択《せんたく》をするときに、手がかりが見つからないということ。

ウ　人生の選択《せんたく》のための価値ある情報を捨てることになるということ。

エ　人生の選択《せんたく》のための価値ある情報を得られないということ。

受検番号

氏名

問五　[B]にあてはまる最も適切なものを次のア～エの中から一つ選び記号で答えなさい。

ア　赤信号、みんなで渡《わた》れば怖《こわ》くない　　イ　朝日が西から出る

ウ　渡る世間に鬼《おに》はない　　エ　豚《ぶた》もおだてりゃ木に登る

問六　――線部④「そうした面」の指す内容を「～面」と続くように文中から二十字で書きぬきなさい。

面

問七　――線部⑤「情報リテラシー」とあるが、情報を読み解くために確認すべきことを三つ文中から書きぬきなさい。

二〇二三（令和五）年度中学入試　一次試験問題　国語（その五）

静岡大成中学校

受検番号

氏名

（配点非公表）　静岡大成中学校

2023（令和5）年度　中学入試一次　算数

受検番号　　　氏名

（50分）

1　次の計算をしなさい。

（1）　12−8÷2+5

（計算）

答

（2）　6÷（7−4）×2

（計算）

答

（3）　30−（5+6÷2）×3

（計算）

答

（4）　7.5×1.2−2.1÷1.4

（計算）

2　次の図の三角形ABCについて，点Oを対称の中心とした点対称な図形をかきなさい。ただし，作図に用いた線は残しておくこと。

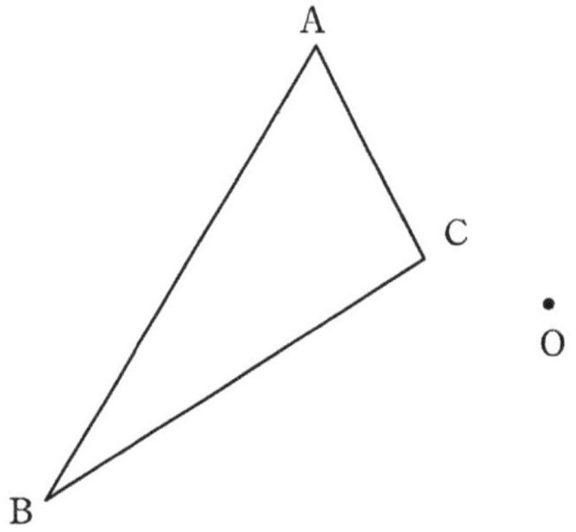

3　たて2cm，横3cmの長方形のタイルが70枚あります。これを何枚か使って最も大きい正方形をつくるとき，面積は何cm^2になりますか。

静岡大成中学校

2023(令和5)年度　中学入試一次　算数

受検番号 ＿＿＿＿　氏名 ＿＿＿＿

5　太郎さんは持っているお金の$\frac{5}{9}$で服を買い，次に300円のおかしを買いました。残金は最初持っていたお金の$\frac{1}{3}$となりました。太郎さんは最初何円持っていましたか。

答 ＿＿＿＿ 円

6　ある年のみかんの全国生産量は749000tであり，そのうち静岡県での生産割合は13%です。静岡県でのみかんの生産量を四捨五入して上から2けたのがい数で求めなさい。

8　次の図のような直方体のからの容器Aと，深さ24cmまで水の入っている直方体の容器Bがあります。Bの水をAに移して，2つの容器の水の深さを同じにします。水の深さは何cmになりますか。

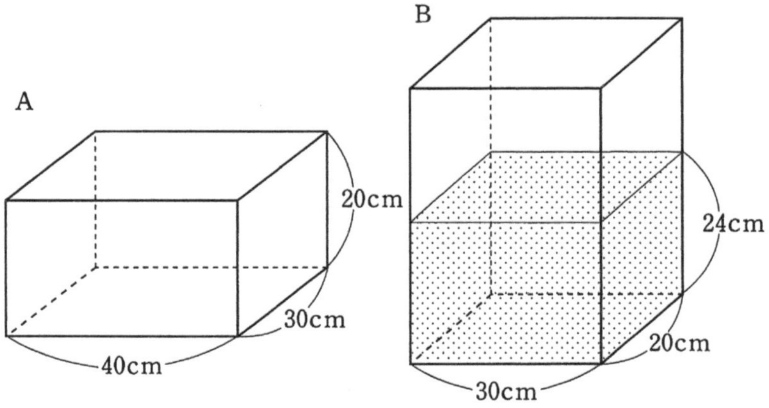

答 ＿＿＿＿ cm

静岡大成中学校

2023(令和5)年度　中学入試一次　算数

受検番号　　氏名

10　次の図において，点Pは辺BC上の点です。このとき，頂点A，B，Pを結んで作られる三角形ABPについて考えます。

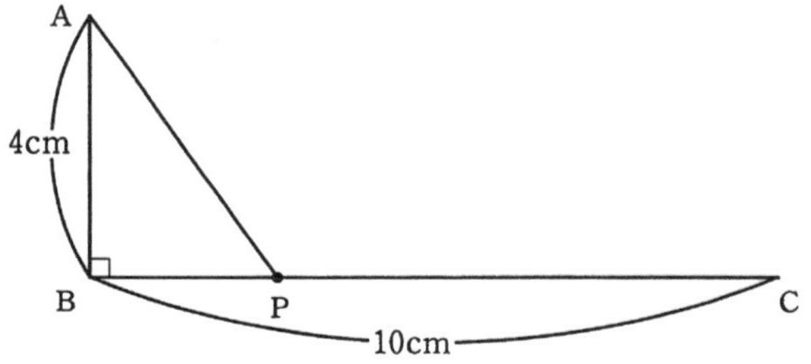

(1)　BPの長さを$x$cm，三角形の面積を$y$cm^{2}とするとき，yをxの式で表しなさい。

答

(2)　三角形ABPの面積が17cm^{2}となるとき，BPの長さを求めなさい。

12　大中小の3つのさいころを同時にふり，大のさいころの出た目を十の位，中のさいころの出た目を一の位として2けたの整数を作ります。そして、その整数を小のさいころの出た目の数でわるという計算を考えます。

(1)　大のさいころの目が4，中のさいころの目が1，小のさいころの目が3であったときの商と余りを答えなさい。

商　　余り

(2)　もう一度さいころをふって計算をしてみると，今度は商と余りがどちらも5になりました。このとき，2けたの整数がいくつになるか答え，その理由を説明しなさい。

答

理由

11　次の資料は，あるクラスの生徒20人の漢字テストの結果です。

10	25	14	17	20	28	10	15	8	21	
17	27	15	18	9	19	25	11	18	26	(点)

(1)　中央値を求めなさい。

答　　　　点

(2)　ヒストグラムに表しなさい。ただし，★のマスは0点以上5点未満を表します。

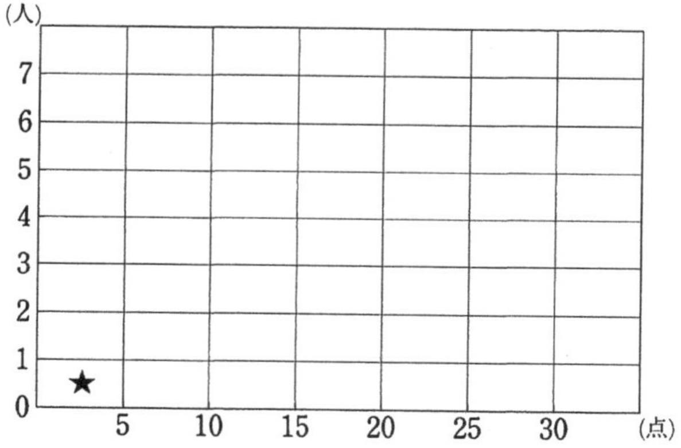

答 | t |
|---|

7 次の図の色のついた部分の面積を求めなさい。ただし，円周率は3.14とする。

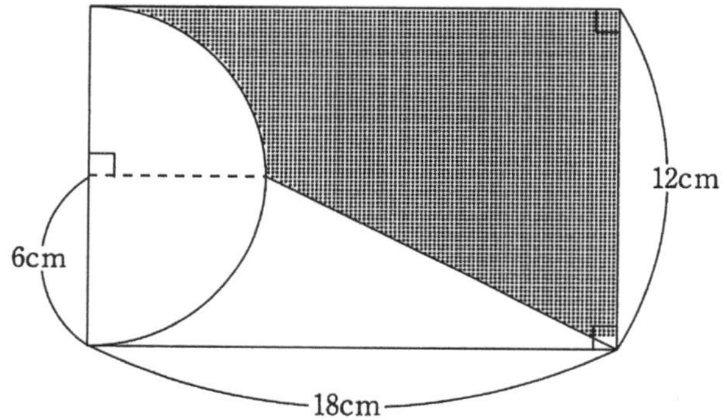

答 | cm² |
|---|

それぞれ1つずつ選びます。

①	チーズバーガー280円　テリヤキバーガー330円
②	ポテト270円　ナゲット300円
③	お茶100円　コーヒー180円　ソーダ200円

(1) セットは全部で何通りできますか。

答 | 通り |
|---|

(2) セットのうち，3番目に安いセットはいくらで注文できますか。

答 | 円 |
|---|

(5)　$3\frac{2}{5}-\frac{9}{10}+\frac{1}{4}$

（計算）

答	

(6)　$1\frac{3}{4}\div\frac{1}{3}-2\frac{1}{4}$

（計算）

答	

(7)　$\frac{1}{4}-\left(1.4-\frac{7}{8}\right)\div 7$

（計算）

答	

答	cm^2

4　Aさん，Bさん，Cさんの3人は折り紙でつるを折りました。Aさんは14分間で10羽，Bさんは20分間で15羽，Cさんは30分間で20羽折ることができました。3人がそれぞれ1羽のつるを折るとき，折り終わるのが早い順にA，B，Cの記号で答えなさい。

答	→　→

問八　――線部⑥「自分はこうすべきと思う」とあるが、筆者はそう思ったときにどうするべきだと述べているか答えなさい。ただし、指定された段落D（直前の四段落）から読み取ること。

問九　――線部⑦「最初の『事実』は変えることができ、こうして、『自分の人生』がつくられていきます。」とあるが、「自分の人生」をつくるために必要なことは何ですか。次のア～エの中から最も適切なものを一つ選び記号で答えなさい。

ア　自分の信念を捨ててでも、人生選びのために対価を払った情報に沿って行動すること。

イ　自分の信念を捨ててでも、失敗しないように適切な知識を獲得し、判断をすること。

ウ　自分の価値観を守りながらも、よりよく選ぶための情報を収集する力をつけること。

エ　自分の価値観を守りながらも、ものごとを達成するために必要な修正をすること。

八　あなたが他の人と会話をするときに気をつけていることを述べなさい。また、その理由も書きなさい。ただし、次のきまりを守ること。

・一六〇字以上二〇〇字以内で書くこと。
・題名や名前は書かず、一行目から書き始めること。
・原稿《げんこう》用紙の使い方を守ること。

問二　――線部②「なぜ、その情報が安いのか、ということをまじめに突きとめようとしない」とあるが、次の各問いにそれぞれ答えなさい。

①これと同じ態度を示す内容を文中から十八字で書きぬきなさい。

②それとは反対の態度を示す内容を文中から十二字で書きぬきなさい。

問三　[A] [C] にあてはまる接続する言葉を次のア～オの中からそれぞれ一つ選び、記号で答えなさい。

ア　また　イ　あるいは　ウ　だが　エ　たとえば　オ　さて

A

C

問四　――線部③「安いのは安いなりの意味がある」とあるが、その意味とは何なのかを推測して答えなさい。ただし、「スポンサー」という言葉を必ず使うこと。

なぜ、情報の価値や位置づけにそれほど意味を置かないのか、というと、日本社会では、「自分の身を守るために、本当は何が起きているのかをつかむ」のではなく、「みんなが何をしているのか」を知って同じ方向に行くための情報収集が多いからです。そこの店が本当においしいかより、みんなが行く店かどうかや、自分もそうした流れに乗り遅《おく》れまいとする心の動きが強いわけです。

確かに、大量生産大量消費で、みんなが同じ方向に動いていれば安心という時代がありました。みんながやっている通りにしていれば、何か事が起きても政府は「量」に押されて救済《きゅうさい》せざるをえません。だから、なんとかなる、というわけです。「[B]」ということですね。

④いまでもそうした面はあります。ただ、「みんな」の判断に沿って、みんなが進む方に行くと、危険な目にあうケースも増えています。「みんなが行くから、きっといい場所に違《ちが》いない」と自分もついていったら、だれもがそう思って押《お》しかけており、群衆の重みで橋が落ちてしまった、といった事態がそれに当たります。

特に、昨日とは違《ちが》う明日が珍《めずら》しくなくなっているいま、「みんな」が「専業主婦は当たり前」と思って※良妻賢母《りょうさいけんぼ》教育に必死になっていたら、もう専業主婦の※基盤《きばん》そのものがなくなっていた、なんていうことが起きるわけです。大事なことは、変化しているものがなんなのかを見極める目でしょう。

つまり、「だれかが言ったから」「みんな言っているから」と情報をうのみにするのではなく、「だれがそれを言っているのか」「その人は、どこからその情報を得たのか」「その人は、なぜその情報を広めたがっているのか」を、きちんと確認することが大切です。

そうした力を⑤「情報リテラシー」（情報を読み解く力）と言います。

[C]、意見や願望を「事実」と混同して判断することにも注意が必要です。たとえば、「〇〇すべき」は、自分の信念としてはそれが正しいと考える、ということで、願望とは、何かの理由でそれを「したい」と願うことです。これらを事実と混同すると、根拠《こんきょ》のない根性主義や思い込《こ》みで事に踏《ふ》み切ってしまい、たいていの場合、失敗します。

それでは、「事実」から判断して、それをやったら損すると決まっているという場合、達成が難しそうだという場合は、やるべきだ、やりたい、と思ってもやめておいた方がいいのでしょうか。

それも違います。

損をしても、それが好き、それをしたい、と思えることこそが、外の評価に押しつぶされず、自分が自分であるために重要なのです。そうした自分なりの方向性を持つことは、人が生きるうえで、とても大切です。というより、そうした方向性を見定めるために、私たちは生き、学んでいると言ってもいいくらいです。

一　次の□に、それぞれ二字熟語が成り立つように漢字を書き入れなさい。

① 補↓、研→□→正、↓理

② 個↓、発→□→望、↓開

③ 海↓、西→□→服、↓食

二　次の【　】に入る身体の一部を表す言葉を、それぞれ漢字一字で答えなさい。

① 難しい問題が解決しないので【　】が痛い。

② 友人の悪いうわさを聞いて【　】を疑った。

③ 私の妻は甘《あま》いものに【　】がない。

④ 事情を知らない人が横から【　】をはさむ。

①□　②□　③□　④□

次のことわざの意味を、次のア〜カの中から選び、それぞれ記号で答えなさい。

① 焼け石に水　□

② 医者の不養生《ふようじょう》　□

③ 鬼《おに》に金棒　□

④ 転ばぬ先の杖《つえ》　□

ア　強いものがいっそう強くなること。

イ　わずかばかりの助けでは、効き目のないこと。

ウ　失敗しないように事前に準備しておくこと。

エ　前後の内容が食い違《ちが》っていること。

オ　環境《かんきょう》によって良くも悪くもなること。

カ　理屈《りくつ》をわかっていても自分では実行しないこと。

二〇二二（令和四）年度中学入試　一次試験問題　国語（その一）

（50分）

静岡大成中学校

受検番号　□

氏名　□

（配点非公表）

一　次の――の漢字の読み方をひらがなで答えなさい。

① 動画の<u>定額</u>配信サービスを利用する。

② チームの結束が勝利の<u>原動力</u>になった。

③ 自分に与えられた<u>責務</u>を果たす。

④ 気候変動に具体策を<u>講</u>じる。

⑤ 選手たちの努力は<u>尊</u>いものだ。

①	②	③	④	⑤
			じる	い

二　次の――のカタカナを漢字に直しなさい。

① 二〇三〇年までに持続<u>カノウ</u>な開発社会を目指す。

② 病院でワクチンを<u>セッシュ</u>してもらう。

③ パラリンピックで<u>キョウセイ</u>社会の実現を呼びかける。

④ これからは堂々と胸を<u>ハ</u>って生きていきたい。

⑤ ゴミを減らし海や陸の<u>ユタ</u>かさを守っていこう。

①	②	③	④	⑤
			って	かさ

三　次の○にはそれぞれに共通した漢字一字が入る。その漢字を□に書きなさい。

① □
- 我田引○
- 魚心あれば○心
- ○をさす

② □
- 電光石○
- 飛んで○にいる夏の虫
- ○を見るより明らかだ

③ □
- 一石○鳥
- ○階から目薬
- ○の足をふむ

④ □
- 破○一笑
- 仏の○も三度まで
- ○が広い

受検番号

氏名

六　次の文章を読んで、後の問いに答えなさい。

お八《や》つは*固パンと炒《い》り大豆が①せいぜいだった戦争が終って、一時期父はカルメ焼に凝《こ》ったことがある。*仙台《せんだい》支店長だった頃《ころ》だが、夕食が終ると子供たちを*火鉢《ひばち》のまわりに集めて、父のカルメ焼が始まる。こういう時、四人きょうだい全部が揃《そろ》わないと機嫌《きげん》が悪いので、

②「勉強もあるだろうけど、頼《たの》むから並んで頂戴《ちょうだい》よ」

と母が小声で頼んで廻《まわ》り、私達は仕方なく全員集合ということになる。父は、自分で買ってきたカルメ焼用の赤銅《あか》の玉杓子《たまじゃくし》の中に、一回分の赤ザラメを慎重《しんちょう》に入れて火にかける。

「これは邦子《くにこ》のだ」

まじめくさっていうので、私も仕方なく、

「ハイ」

③なるべく有難《ありがた》そうに返事をする。

砂糖が煮《に》立ってくると、父はかきまわしていた棒の先に極《ご》く少量の重曹《じゅうそう》をつけ、濡《ぬ》れ布巾《ふきん》の上におろした玉杓子の砂糖の中に入れて、物凄《すご》い勢いでかき廻す。砂糖はまるで嘘《うそ》のように大きくふくれ、笑《え》み割れてカルメ焼一丁上り！ということになる。うまく行った場合はいいのだが、ちょっと大きくふくれ過ぎたなと、見ていると、④シュワーと息が抜《ぬ》け、みるみるうちにペシャンコになってしまう。こういう場合、子供たちはそんなものは見もしなかった、という顔で、⑤そ知らぬ風をしなくてはならないのだ。

緊張《きんちょう》のあまり、ハァ……と大きな吐息《といき》をもらしたら、それに調子を合せるようにカルメ焼も溜息《ためいき》をつき、ペシャンコにつぶれてしまい、

「ヘンな時に息をするな！」

とどなられたこともあった。

こういう時、うちで一番の笑い上戸《じょうご》の母は、なにかと用をつくって台所にいたが、水仕事をする母の背中とお尻《しり》が細かに揺《ゆ》れて、［　X　］のがよく判《わか》った。

静岡大成中学校

二〇二二（令和四）年度中学入試　一次試験問題　国語（その三）

受検番号　□　氏名　□

問一　――①「せいぜいだった」とあるが、「せいぜいだった」の使い方として正しいものを次から一つ選び、記号で答えなさい。

ア　どんなにがんばっても十個作るのがせいぜいだった。
イ　手伝いをしておこづかいが増えたからせいぜいだった。
ウ　苦手な教科の点数を取れるようになってせいぜいだった。
エ　なやんでも良い案を思いつかないのでせいぜいだった。

□

問二　――②「母が小声で頼んで廻り」とあるが、それはなぜか。「～から。」に続くように理由を二十字でぬき出しなさい。

□□□□□□□□□□□□□□□□□□□□から。

問三　本文に書かれているカルメ焼が出来上がるまでの順番を示すとき、次の□に入るものをア～エの中からそれぞれ選び、記号で答えなさい。

赤ザラメをお玉に入れ、火にかける。→□→お玉を火から上げ、濡れ布巾に置く。→□→□→カルメ焼が出来上がる。

ア　赤ザラメが大きくふくらみ、割れる。
イ　少量の重曹をつけた棒で勢いよくかき回す。
ウ　シュワーと空気がぬけ、ペシャンコになる。
エ　お玉の中をかき回しながら煮立たせる。

受検番号　　　　氏名

問八　――⑥「癇が強くて」とあるが、「癇が強い」とは性格を表す言葉である。本文中に書かれている子どものころの筆者の様子をふまえて、「癇が強い」の意味として最も適切なものを次から一つ選び、記号で答えなさい。

ア　意志が弱くて、少しのことにもたえられないこと。
イ　個性が強く、独特な考え方を持っていること。
ウ　好奇心《こうきしん》おうせいで、物事に積極的なこと。
エ　せっかちで、すぐに興奮していらだつこと。

問九　［Y］に当てはまる言葉として最も適切なものを次から一つ選び、記号で答えなさい。

ア　だから　　イ　ところが　　ウ　なぜなら　　エ　または

問十　――⑦「嬉しいような寂しいような妙な気分」とあるが、何が嬉しくて何が寂しかったのか。嬉しかったことと寂しかったことをそれぞれ書きなさい。

嬉しかったこと

寂しかったこと

静岡大成中学校

二〇二二（令和四）年度中学入試　一次試験問題　国語（その五）

受検番号　　　　氏名

七　あなたの思い出に残っているお八つやお菓子を挙げ、なぜ思い出に残っているのか、当時の出来事や気持ちなどとともに書きなさい。ただし、次のきまりを守って書くこと。

・一六〇字以上二〇〇字以内で書くこと。
・題名や名前は書かず、一行目から書き始めること。
・原稿用紙の使い方を守ること。

（配点非公表）　静岡大成中学校

2022（令和4）年度　中学入試一次　算数

受検番号　　　氏名

（50分）

1　次の計算をしなさい。

(1)　412−258+127

（計算）

答

(2)　96÷3÷8

（計算）

答

(3)　25+15÷(8−5)

（計算）

答

(4)　3.6×1.5−2.4÷1.2

（計算）

2　□に当てはまる数を求めなさい。

(7×□−6×4)÷3=6

答

3　次の図で，点Oが対称の中心となるように，点対称な図形をかきなさい。ただし，作図に用いた線は残しておくこと。

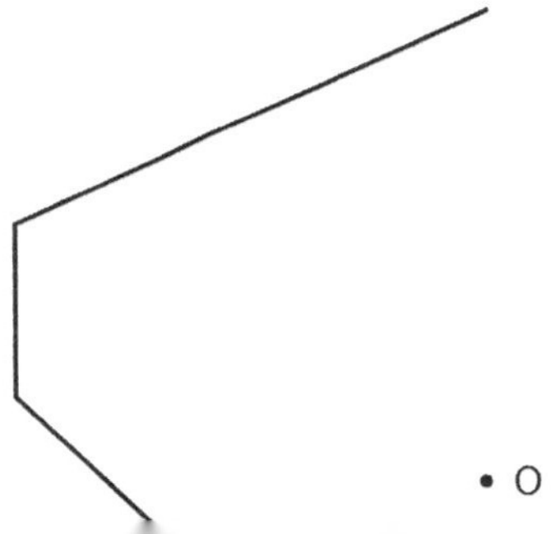

静岡大成中学校

2022(令和4)年度　中学入試一次　算数

受検番号 ＿＿＿＿　氏名 ＿＿＿＿

6　4枚のカード[1], [2], [2], [.]があり，すべてのカードを使って小数を作ります。

(1)　全部で何通りありますか。

答　　　通り

(2)　できる小数のうち，大きい方から3番目の数はいくつですか。

答

7　直方体の一部を切り取って，下の図のような立体を作りました。この立体の体積を求めなさい。ただし，1辺の長

9　花子さんが国語，算数，理科，社会，英語の5教科のテスト結果の平均点を求めると，84点でした。

(1)　5教科の合計点数を求めなさい。

答　　　点

(2)　花子さんは算数のテストの点数を70点と思っていましたが，花子さんのかんちがいでした。正しい算数の点数で平均点を計算すると平均点は86点になりました。正しい算数の点数を求めなさい。

答　　　点

10　観覧車に乗ります。大人1人分の料金は，子ども1人分の料金の2倍です。大人1人分と子ども2人分の料金をあわせると，1600円になります。大人1人分と子ども1人分の料金は，それぞれ何円ですか。

静岡大成中学校

2022(令和4)年度　中学入試一次　算数

受検番号 　　　　氏名

12　1辺が2cmである立方体を，点A，B，Cを通る平面で切ります。ただし，A，Bは各辺の中央の点とする。

(1)　切り口はどのような図形になりますか。

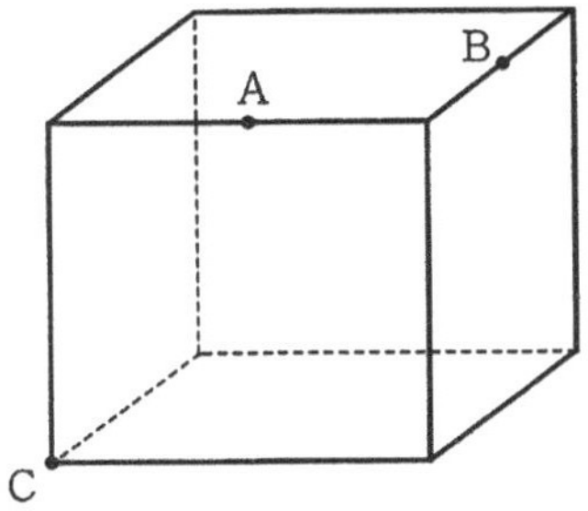

答

(2)　2つに分かれた立体の表面積の差を求めなさい。

答　　　　cm^2

(2)　A駅からB駅の間を進む電車の長さは80mです。この電車が秒速30mで走っているとき，長さ250mのトンネルに入りはじめてから，完全に通過するまでに何秒かかりますか。

答　　　　秒

(3)　大成さん達は，サッカーの試合開始時刻の午前10時00分までに間に合うでしょうか。「間に合う」か「間に合わない」のどちらかを○でかこみましょう。また，その理由を，言葉や式を使って説明しましょう。ただし，駅で自転車をとめたり，きっぷを買ったり，駅の中を移動したりする時間は考えないものとする。

【　間に合う　　　間に合わない　】

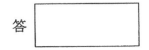

⑬　大成さんは，友達といっしょにサッカーの試合を観ることにしました。午前9時10分に家を出発して，自転車でA駅へ行き，A駅からB駅まで電車で移動し，B駅から歩いて競技場へ行きます。

　サッカーの試合は午前10時00分に始まるので，その時刻までに競技場に着きたいと思っています。

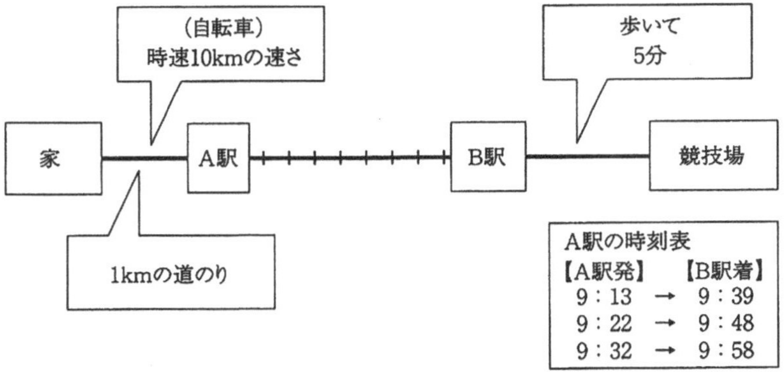

A駅の時刻表

【A駅発】		【B駅着】
9：13	→	9：39
9：22	→	9：48
9：32	→	9：58

(1)　B駅から競技場までの道のりを，大成さん達は時速4.8kmで歩きました。道のりは何kmありますか。

答　　　　km

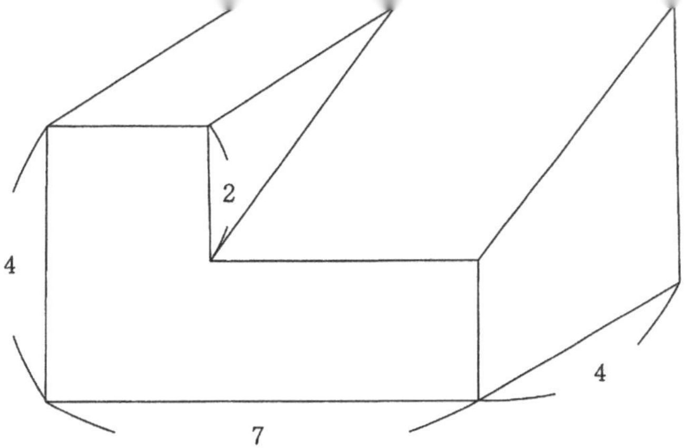

答 　　　　cm^3

[8] 次の図の色をぬった部分の面積を求めなさい。ただし，円周率は3.14とする。

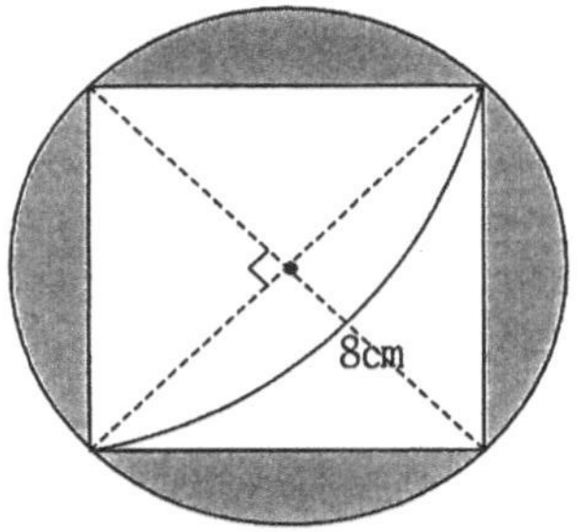

答 　　　　cm^2

答 大人　　　　円　子ども　　　　円

[11] 6年1組では，国語の学習で静岡市の紹介パンフレットを作ることになりました。担任の先生は，印刷に使う紙をまず1200枚用意することにしました。この紙の10枚，20枚の重さをはかったら，次のようになりました。

枚数（枚）	10	20	1200
重さ（g）	35	70	

(1) 紙が1200枚になると，重さは何gになりますか。

答 　　　　g

(2) 紙の枚数をx枚，重さをygとして，xとyの関係を式に表しなさい。

答

(5) $\frac{3}{7}+\frac{1}{2}-\frac{9}{14}$

（計算）

答 ＿＿＿＿

(6) $\frac{2}{3}+(9-5)\times\frac{7}{8}$

（計算）

答 ＿＿＿＿

(7) $0.8\times4+\left(3\frac{1}{5}-\frac{7}{5}\right)-0.9\div0.3$

（計算）

答 ＿＿＿＿

4　牛乳と紅茶を2：3の割合で混ぜてミルクティーを作ります。ミルクティーを350mL作るとき，牛乳は何mL必要になりますか。

答 ＿＿＿＿ mL

5　3％の食塩水400gと2％の食塩水300ｇと6％の食塩水500gを混ぜ合わせると，何％の食塩水になりますか。

答 ＿＿＿＿ ％

↑200字　　↑160字

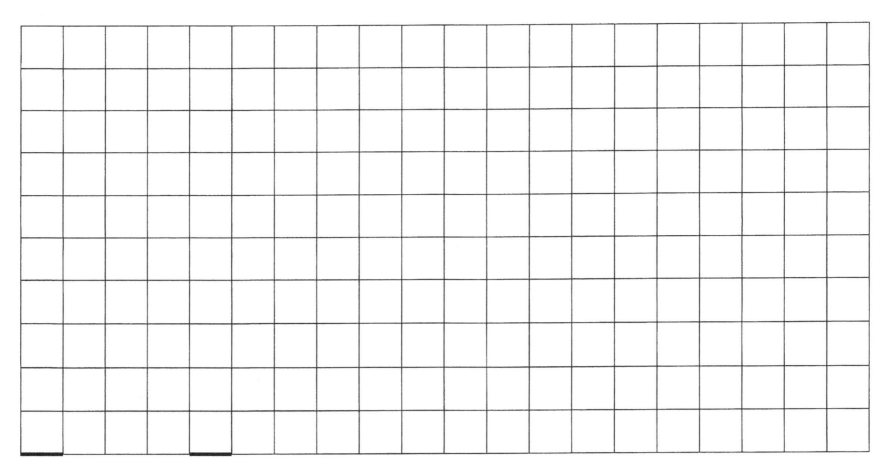

問十一 ――⑧「子供時代にどんなお八つを食べたか、それはその人間の精神と無縁ではないような気がする」とあるが、これと同じ内容を述べた一文を探し、最初と最後の五字を答えなさい（句読点も一字に数える）。

□□□□□ ～ □□□□□

問十二 本文全体を通して、筆者にとってお八つにまつわる思い出はどのようなものであると読み取れるか。最も適切なものを次から一つ選び、記号で答えなさい。

ア 父親を怒らせて気まずいふんいきになったり、友達とけんかをして縁側でぼんやりしたりした苦い思い出。

イ ちょっとしたことで父に怒られ、いらいらしてさまざまなものを噛んでやり過ごしていた腹立たしい思い出。

ウ 怒られることもあったが家族団らんを楽しんだり、縁側で心地よいひと時を過ごしたりしたあたたかい思い出。

エ 甘やかされて育てられたためにさまざまなお菓子《かし》を与えられ、それを友達と仲良く食べた楽しい思い出。

□

問四　――③「なるべく有難そうに返事をする」、――⑤「そ知らぬ風をしなくてはならないのだ」とあるが、筆者をふくめた子供たちが父に対してこのような行動をとるのはなぜか、書きなさい。

問五　――④「そんなもの」とは、どのようなものか。簡単に書きなさい。

問六　カルメ焼の話からわかる父の人物像を説明したものとして適切なものを次から二つ選び、記号で答えなさい。

ア　子供たちのためにカルメ焼を作る優しさを持っている。
イ　カルメ焼を作るのがとても下手で父親として頼《たよ》りない。
ウ　子供たちと同じ目線でカルメ焼作りを楽しめる純粋《じゅんすい》さがある。
エ　子供たちが悪いことをすればしかるという厳しさを持っている。
オ　小さなことで機嫌を悪くしたり腹を立てたりする短気な面がある。

問七　X に当てはまる言葉を考えて五字以内で書きなさい。

私は子供のくせに⑥癇《かん》が強くて、飴玉《あめだま》をおしまいまでゆっくりなめることの出来ない性分《しょうぶん》であった。途中《とちゅう》でガリガリ噛《か》んでしまうのである。*変り玉などは、しゃぶりながら、どこでどう模様が変るのか気になってたまらず、鏡を見ながらなめた覚えがある。

飴玉だけでなく、何を焦《じ》れていたのか爪《つめ》を噛み、鉛筆《えんぴつ》のお尻から三角定規、分度器から*セルロイドの下敷《したじ》きまで噛んで穴だらけであった。人の話を最後まで聞くことが出来ず口をはさむ。推理小説の読み方も我慢《がまん》なしで、途中まで読み進むと、自分の推理が当っているかどうかが気になってついラストのページを読んでしまう、といった*按配《あんばい》であった。

［Y］、つい半年ほど前、入院生活を体験した。気がついたら私は飴玉をお仕舞《しま》いまでしゃぶっていたのである。病気が気持をゆったりとさせたのか*不惑《ふわく》を越《こ》した年のせいか、⑦嬉《うれ》しいような寂《さび》しいような妙《みょう》な気分であった。

子供はさまざまなお八つを食べて大人になる。

「なにを食べたかいってごらん。あなたという人間を当ててみせよう」

といったのは、たしか*ブリア・サヴァランだったと思うが、⑧子供時代にどんなお八つを食べたか、それはその人間の精神と無縁《むえん》ではないような気がする。

猫《ねこ》は嬉しい時、*前肢《ぜんし》を揃えて押《お》すようにする。仔猫《こねこ》の時、母猫の乳房《ちぶさ》を押すとお乳がよく出る。出ると嬉しいから余計に押す。それが本能として残ったのだと聞いたことがある。子供時代に何が嬉しく何が悲しかったか、子供の喜怒哀楽《きどあいらく》にお八つは大きな影響《えいきょう》を持っているのではないか。

思い出の中のお八つは、形も色も、そして大きさも匂《にお》いもハッキリとしている。英字ビスケットにかかっていた桃色やうす紫《むらさき》色の分厚い砂糖の具合や、袋《ふくろ》の底に残った、さまざまな色のドロップのかけらの、半分もどったような砂糖の粉を掌《てのひら》に集めて、なめ取った感覚は、不意に記憶《きおく》の底によみがえって、どこの何ちゃんか忘れてしまったけれど一緒《いっしょ》にいた友達や、足をブラブラゆすりながら食べた陽当《ひあ》りのいい縁側の眺《なが》めもうすぼんやりと浮《う》かんでくるのである。

（向田邦子「父の詫《わ》び状」文春文庫刊より）

*固パン…乾《かん》パンよりもさらに固い保存食。
*仙台支店長…父は保険会社に勤めており、この時は仙台支店の店長をしていた。
*火鉢…灰を入れ、中に炭火をいけて暖房や湯わかしに使う道具。
*変り玉…なめているとどんどん色が変わる飴玉。
*セルロイド…プラスチックの一種で、文房具や日用品などに使われた。
*按配…様子、具合。
*不惑…四十歳《さい》。
*ブリア・サヴァラン…フランスの法律家、政治家。
*前肢…前足。

四 次の――の語句を敬語に直しなさい。

① 学校に有名な政治家が来る。

② お客様がエビフライを食べる。

③ 展覧会で高名な画家の作品を見る。

④ 土曜日に先生の家に行く。

五 次の文から主語と述語をそれぞれ選び、記号で答えなさい。ただし、主語がない場合には「×」を書きなさい。

① A プラスチックごみは　B 海の　C 生き物にとって　D 危険だ。

② A オリンピックの　B 競技場は　C 遺産として　D 残る。

③ A 買い物に　B 行く　C 時に　D エコバッグを　E 持参しよう。

④ A 晴れだろうか、　B 明日の　C 天気は。

主語	主語	主語	主語

述語	述語	述語	述語

二〇二一（令和三）年度中学入試　一次試験問題　国語（その一）

(50分)

静岡大成中学校

受検番号

氏名

（配点非公表）

一

次の①～⑥の読み方をする漢字を、□の中に書きなさい。

① シ
1 歴□を学ぶ。
2 駅前に□店を出す。

② カン
1 新聞の朝□を読む。
2 □板に大きな字を書く。

③ ケツ
1 服を清□にする。
2 会議の□論が出た。

④ コウ
1 □運にめぐまれる。
2 練習の□果が出た。

⑤ セキ
1 成□が上がった。
2 □任感が強い。

⑥ ソウ
1 先生に□談する。
2 □立三十周年の式典。

二

次の①～⑥の――線を引いた漢字の読み方を、□の中に書きなさい。

① 地震で屋外ににげる。　□
② 五月の節句に武者人形を飾る。　□
③ 銀行にお金を預ける。　□ける
④ 上級生の指図に従う。　□
⑤ 無礼な態度を反省する。　□
⑥ 友人の車に便乗する。　□

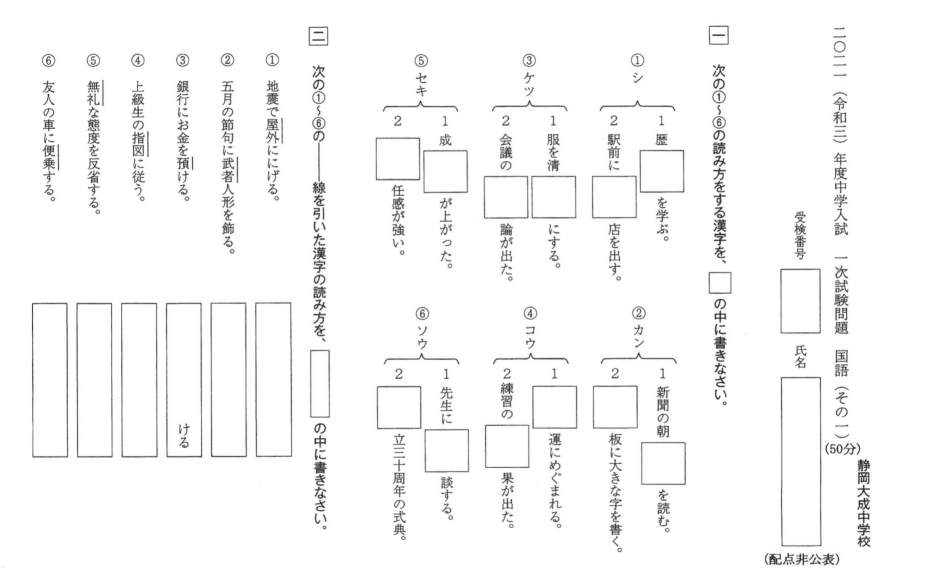

受検番号　　　　氏名

五　次の二字ずつになっている熟語を組み合わせて、三種類の四字熟語を作りなさい。
また、できた四字熟語のそれぞれの意味を後から選び、記号で答えなさい。

不断　引水　弱肉　知新　無我　前代　晩成

夢中　一長　大器　言語　絶命　温故　二鳥

【意味】

ア　弱いものをぎせいにして、強いものがさかえること。

イ　心をうばわれ、我を忘れて熱中すること。

ウ　ものごとをきっぱりときめられずに、ぐずぐずしていること。

エ　これまでに聞いたことがないような、めずらしいこと。

オ　古いことを研究して、新しい知識を得ること。

カ　大人物は世に出るまでに時間がかかること。

四字熟語　　　　意味

四字熟語　　　　意味

四字熟語　　　　意味

二〇二一（令和三）年度中学入試　一次試験問題　国語（その三）

静岡大成中学校

受検番号　[　　]　氏名　[　　]

八　次の文章を読んで、後の問いに答えなさい。

僕《ぼく》が六歳《さい》の時だったと思います。沖縄《おきなわ》に住む祖母の家に父とふたりきりで帰省したことがありました。

ある夜、祖母の家に親戚《しんせき》や近所の人達が集まり大宴会《だいえんかい》が開かれました。父は、たえず話題の中心にいて、みんなから慕《した》われているようでした。

一方、僕はいつもの人見知りを発揮して、部屋の隅《すみ》にひとりで座り、大人《おとな》達の顔が少しずつ赤らんでいくのを、心細く眺《なが》めていました。

親戚のひとりが三線《さんしん》を弾《ひ》くと、それに合わせてみんなが手拍子《てびょうし》を鳴らしました。次第《しだい》に場が盛り上がり、父が立ち上がり①カチャーシーを踊《おど》り始めると、大爆笑《だいばくしょう》が起こりました。心から父をすごいと思いました。

その時、誰《だれ》かが僕に向かって、「おい、直樹も踊れ！」と②余計なことを言ったのです。その声に反応して、みんなが僕の方を見ました。僕は人前で踊れるような明るい少年ではありませんでした。

しかし、ここで僕が踊らなければ父がせっかく盛り上げた場が白けてしまう。父の行為を無駄《むだ》にしたくなかったので、僕は覚悟《かくご》を決めて全力でカチャーシーを踊りました。僕は、父よりも遥かに大きな笑いに包まれました。※1華奢《きゃしゃ》で青白い顔をした都会の子供が下手《へた》な踊りを全力でやったのが※2滑稽《こっけい》だったのでしょう。その時の［　X　］を忘れることができません。

僕は生まれて初めて、人を笑わせることに成功した喜びを噛《か》みしめながら、ひとりで台所に行って興奮をしずめようと麦茶を飲んでいました。そしたら、そこに父が近づいてきました。③てっきり褒めてもらえるものだと思い、笑顔を浮かべる僕に対して、父は「あんま調子乗んなよ！」と言いました。驚きました。自分の子供相手に本気で※3嫉妬《しっと》したのです。大人としてⅠ最低な発言です。

この時、人を笑わせる快感と同時に、［　Y　］も知ってしまいました。芸人でありながら臆病《おくびょう》な僕の人格は、このような経験から形成されたのだと思います。

静岡大成中学校

二〇二一（令和三）年度中学入試　一次試験問題　国語（その四）

受検番号

氏名

問一　――線部①「カチャーシー」を国語辞典で探した時、「カチャーシー」よりも後にでてくる単語を、次の中から一つ選び、記号で答えなさい。

ア　カタログ　　イ　カチューシャ　　ウ　ガーデニング　　エ　カーディガン

問二　――線部②「余計なこと」とありますが、なぜ余計なことなのですか。説明しなさい。

問三　[X]に入る言葉を、次の中から一つ選び、記号で答えなさい。

ア　快感　　イ　不安　　ウ　希望　　エ　恐怖

問四　――線部③「てっきり褒めてもらえるものだと思い」とありますが、なぜこのように思ったのですか。説明しなさい。

静岡大成中学校

二〇二一（令和三）年度中学入試　一次試験問題　国語（その五）

受検番号　　　氏名

問八　――線部④「それがずっと続いている」とありますが、どんなことが続いているのですか。説明しなさい。

問九　「父とのやりとり」「学芸会の練習」から、作者はどんな少年だったと思われますか。最も適切なものを次の中から一つ選び、記号で答えなさい。

ア　困っている友達を見ても、何も行動しない少年。

イ　人から何か言われると、すぐに泣いてしまう少年。

ウ　周りから何か言われる前に、自分から行動できる少年。

エ　人の反応が気になりながらも、場を盛り上げようとする少年。

九　あなたが小学校時代、一番努力したことは何ですか。その体験によって学んだことをふまえて、作文を書きなさい。ただし、次のきまりを守ること。

※一六〇字以上二〇〇字以内で書くこと。

※題名や氏名は書かず、一行目から書くこと。

※原稿《げんこう》用紙の正しい使い方を守ること。

静岡大成中学校

2021(令和3)年度　中学入試一次　算数（その１）　受検番号　　氏名

（配点非公表）

（50分）

[1]　次の(1)～(7)の計算をしなさい。

(1)　$24-6\times3+12\div4$

（計算）

答

(2)　$14-(12-6\div3)$

（計算）

答

(3)　$6+\{(19-8)\times3-5\}\div7$

（計算）

答

(7)　$5.4\div\frac{9}{5}+7\div(1.2-\frac{1}{5})$

（計算）

答

[2]　下の五角形ＡＢＣＤＥで，点Ｂを中心にして，辺の長さを2倍にした拡大図を答案用紙にかきなさい。ただし，作図には定規とコンパスを使用し，作図に用いた線は残しておくこと。

答

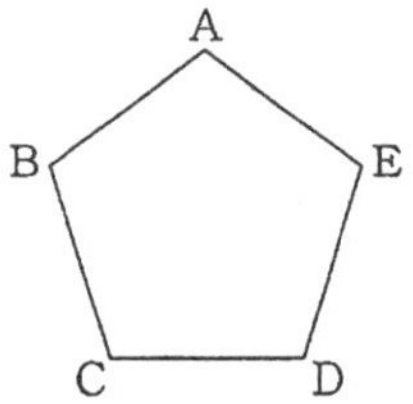

2021(令和3)年度　中学入試一次　算数（その２）　受検番号　　氏名

4　たて20cm，横30cm，高さ50cmの直方体の水そうに，水を入れます。5L入るバケツで水を入れていくと，何ばい目でいっぱいになるでしょうか。

答

5　下の図は，半円と直角三角形を組み合わせたものです。①と③の面積が等しいとき，BCの長さは何cmですか。ただし，円周率は3.14とする。

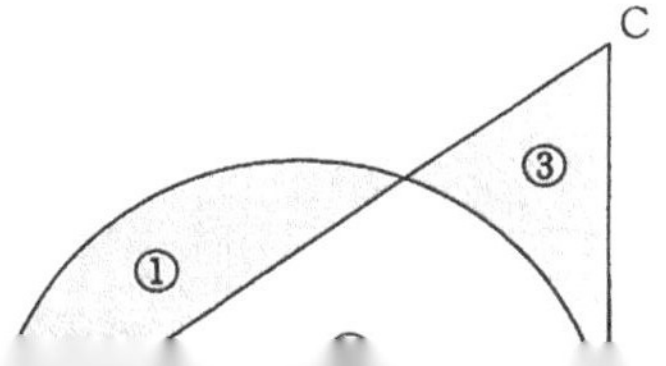

7　下の図は，線対称《たいしょう》な図形です。対称の軸《じく》は何本あるか求めなさい。

答

8　0・1・2・3・4のカードが1枚ずつあります。この5枚のカードから3枚を使って3けたの整数をつくります。これについて，次の(1)，(2)の問いに答えなさい。

(1)　つくることのできる整数はいくつあるでしょうか。

静岡大成中学校

2021(令和3)年度　中学入試一次　算数（その３）

受検番号　　　　氏名

9　次のような1辺が5cmである正方形3つを組み合わせてできる図形の外側を，半径1cmの円が転がって1周します。次の(1)，(2)の問いに答えなさい。ただし，円周率は3.14とする。

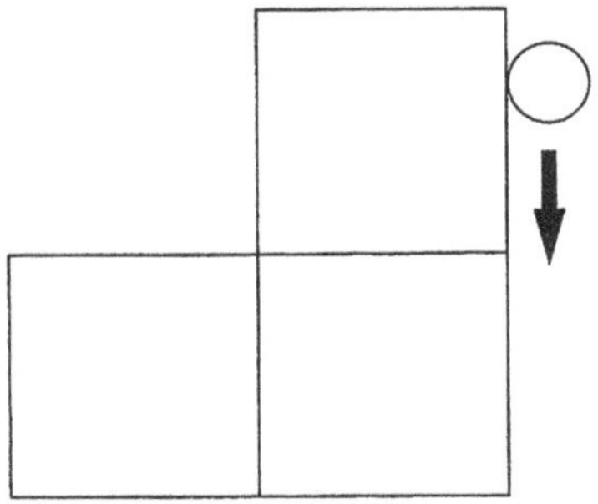

(1)　円の中心が通過した部分の長さを求めなさい。

答

11　下の表は，2年1組の生徒20人の登校にかかる時間です。

17	4	18	22	15	8	20	12	5	13
20	16	18	10	3	16	7	20	17	19（分）

(1)　上の表をもとにして，柱状グラフをかきなさい。ただし，★のマスは0分以上2分未満を表します。

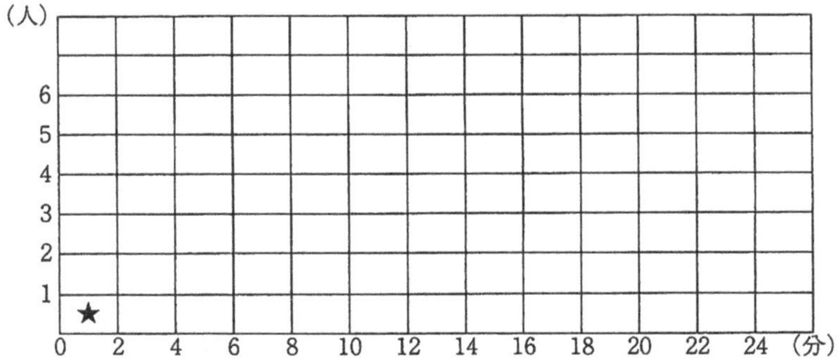

(2)　登校にかかる時間が6番目に多い生徒は，何分以上何分未満のところに入るでしょうか。

答

10 大成くんと精華《せいか》さんは，図工の授業で針金を使って作品を作りました。大成くんの作品は4mの針金を使い，精華さんの作品は2.2mの針金を使いました。大成くんの作品の重さが18gであるとき，精華さんの作品の重さを求めなさい。

答

答

(3) 2組のＡ君は登校に15分かかります。Ａ君の登校にかかる時間は1組の生徒と比べて，どんなことがいえるでしょうか。式や数，言葉を使って説明しなさい。

答

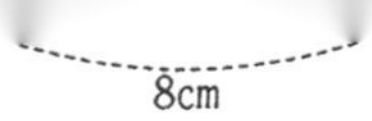

答

6　2つの会社のコーヒー牛乳を比べます。A社のコーヒー牛乳は，容量が150mLで，そのうち30％が牛乳です。B社のコーヒー牛乳は，容量が200mLで，そのうち2割が牛乳です。入っている牛乳の量は，どちらの会社のコーヒー牛乳が何mL多いか求めなさい。

答

答

(2)　つくることのできる整数のうち，奇数《きすう》はいくつあるでしょうか。

答

(4)　$2.5\times7\times0.4\div1.4$

（計算）

答

(5)　$4\frac{2}{3}-2\frac{3}{5}+\frac{1}{2}$

（計算）

答

(6)　$39.2\times1.9+3.92\times81$

（計算）

答

3　8つのチームでサッカーの試合をします。これについて，次の(1)，(2)の問いに答えなさい。

(1)　どのチームとも1回ずつ試合をすると，全部で何試合になるか求めなさい。

答

(2)　トーナメント戦をすると，全部で何試合になるか求めなさい。ただし，引き分けはないものとする。

答

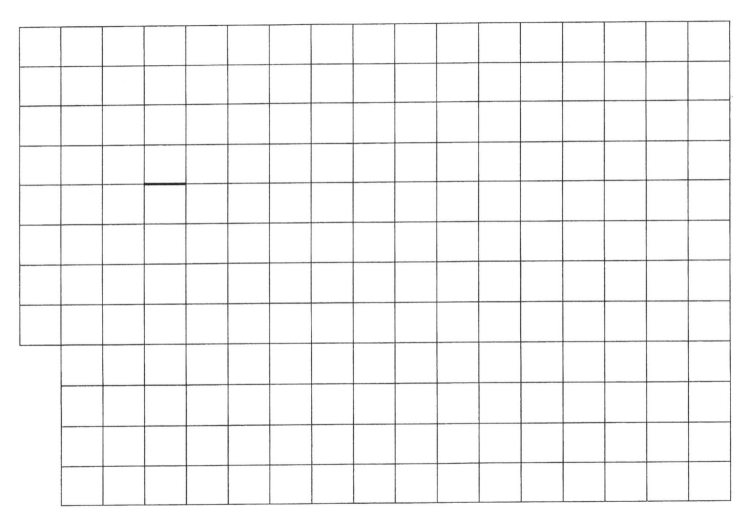

問五 ～線部Ⅰ「最低」、Ⅱ「表現」と同じ組み立てはどれですか。次の中から一つずつ選び、記号で答えなさい。

ア 意味が似ている漢字を重ねたもの　温暖　絵画　永久など
イ 意味が反対の漢字を重ねたもの　生死　開閉　動静など
ウ 上の字が下の字を修飾するもの　海草(海の草)　美人(美しい人)など
エ 「～に」「～を」の部分が下にくるもの　登山(山に登る)　作文(文を作る)など
オ 上に否定語がついているもの　不足　無力　未熟など

Ⅰ [　　]　Ⅱ [　　]

問六 [Y] に入る言葉を、次の中から一つ選び、記号で答えなさい。

ア 全力で踊ることの楽しさ
イ 表現することの恐ろしさ
ウ その場が白けることの異常さ
エ 父に認めてもらえない悲しさ

[　　]

問七 【 A 】、【 B 】に入る言葉を、次の中から一つずつ選び、記号で答えなさい。

A・・・ア コツコツ　イ オドオド　ウ イライラ　エ ビクビク
B・・・ア コソコソ　イ ペコペコ　ウ ジメジメ　エ モジモジ

A [　　]　B [　　]

笑いを取りたいけれど、調子に乗りすぎたら怒られて恥《はじ》をかく。「あんま調子乗んなよ！」父のこの一撃《いちげき》は大きいものでした。それからあらゆる時に、この言葉が聞こえてくるようになりました。今こうしている時も、「お前くらいが、何偉《えら》そうに言うてんねん！　あんま調子乗んなよ！」という声が聞こえてくるのです。

保育所にいた時、こんなこともありました。「怒《おこ》り鬼」という劇を学芸会で発表するために、その稽古《けいこ》をしていました。

ある友達が泣き鬼の役をやっていたのですが、全然泣けずに練習がそこで止まってしまいました。先生は「泣かないと駄目よ」と【　Ａ　】しているし、みんなも応援《おうえん》するのですが、その子も【　Ｂ　】して泣けずにいました。

みんなそれぞれ役を持っていて、僕は怒り鬼の役でした。僕は今何をやるべきかを考え、とっさにその子に教えるつもりで泣く芝居《しばい》を見せました。すると先生は「あんたは泣かないでいいの！　あんたは怒り鬼でしょ」と怒りました。この時だけでいうなら、先生こそ本物の怒り鬼でした。

この経験は僕にとって、父の「あんま調子乗んなよ！」とほとんど同じような感覚のものでした。子供ながらすごく心に突き刺さりました。なにか余計なことをしたらこんなふうに言われるのか。こんな気持ちになるのか。良かれと思っただけやのに。でも、何かⅡ表現したくなるのです。思いついたことを発表したり、笑いを取ったりしたくなる。まわりからの視線、言葉に臆病になりながら、どうしても抑えきれず表現しようとしている自分がいます。芸人になった今でも、④それがずっと続いているような気がしてなりません。

（又吉直樹『夜を乗り越える』より）

※１　華奢・・・　姿かたちがほっそりして、上品に感じられるさま。
※２　滑稽・・・　笑いの対象となる、おもしろいこと。
※３　嫉妬・・・　自分よりすぐれている人を、うらやみねたむこと。

六 次の①～⑤の――線を引いたことばを、例にならってふつうの言い方に直して「言い切り形」で答えなさい。

例 社長がいらっしゃいました。　来る

① あなたが食事をなさるのですか。

② 先生からノートをいただくことになった。

③ 母がお目にかかりたいと申しております。

④ どうぞご覧になってください。

⑤ その話は先生からうかがいました。

七 次の漢字の部首名を、ア～キの中から選び、記号で答えなさい。

① 測　② 道　③ 熱　④ 開　⑤ 都

ア さんずい　イ おおざと　ウ うかんむり　エ れっか（れんが）

オ もんがまえ　カ まだれ　キ しんにょう

①

②

③

④

⑤

三

次の□にあてはまる慣用句を後から選んで記号で答えなさい。

① あの人の司会ぶりも□。

② 一日中、歩き回って□。

③ 持っていたお金も、ついに□。

④ □大熱戦が展開された。

⑤ 兄たちの話に□ので迷惑がられた。

⑥ この作品を選ぶとは□。

⑦ 会長の仕事が終わって、やっと□。

【慣用句】

ア 足が棒《ぼう》になる　イ 肩の荷が下りる　ウ 口をはさむ　エ 馬が合う

オ 鼻にかける　カ 目が高い　キ 板につく　ク 手がかかる

ケ 底をつく　コ 火花をちらす

四

次の文の主語と述語はどれですか。それぞれ記号で答えなさい。ただし、ない場合は×印をつけなさい。

① ア暖かい　イ日ざしの　ウ中を、　エ弟は　オ元気に　カ走ってくる。

主語□　述語□

② アちょうど、　イ父が　ウ急ぎ足で　エとなりの　オ家から　カ出てきた。

主語□　述語□

③ アきのう、　イ私の　ウ家に、　エ友だちが　オ一人で　カやってきた。

主語□　述語□

④ アジャングルジムに　イのぼると、　ウ急に　エ背が　オのびたように　カ思える。

主語□　述語□

⑤ ア急に　イ先生の　ウ前で　エ笑いだすなんて　オどうしたんだい、　カ君は。

主語□　述語□